Guia definitivo para
não quebrar a cara
(ou pelo menos tentar)

Guia definitivo para não quebrar a cara

(Ou pelo menos tentar)

Edson Castro e
Leonardo Filomeno

figurati

São Paulo, 2019

Guia definitivo para não quebrar a cara
Copyright © 2019 by Edson Castro e Leonardo Filomeno
Copyright © 2019 by Novo Século Editora Ltda.

Coordenação editorial: Vitor Donofrio
Edição de texto/arte: Vitor Donofrio
Capa: Brenda Sório/Jacob Paes

Editorial
João Paulo Putini • Nair Ferraz • Rebeca Lacerda
Renata de Mello do Vale • Vitor Donofrio

Aquisições
Renata de Mello do Vale

Texto de acordo com as normas do Novo Acordo Ortográfico da Língua Portuguesa (1990), em vigor desde 1º de janeiro de 2009.

**Dados Internacionais de
Catalogação na Publicação (CIP)**

Castro, Edson
    Guia definitivo para não quebrar a cara (ou pelo menos tentar)
    Edson Castro, Leonardo Filomeno
    Barueri, SP: Novo Século Editora, 2018.

    1. Técnicas de autoajuda 2. Amizade 3. Sucesso I. Título II. Filomeno, Leonardo

    18-2006   CDD-158.1

Índice para catálogo sistemático:
1. Técnicas de autoajuda 158.1

Novo Século Editora Ltda.
Alameda Araguaia, 2190 – Bloco A – 11º andar – Conjunto 1111
CEP 06455-000 – Alphaville Industrial, Barueri – SP – Brasil
Tel.: (11) 3699-7107 | Fax: (11) 3699-7323
www.novoseculo.com.br | atendimento@novoseculo.com.br

Guia Definitivo para NÃO Quebrar a Cara

Introdução   7

PARTE 1: Precisamos falar sobre como não quebrar a cara

1. Você não precisa (nem vai conseguir) agradar todo mundo   13
2. Você não tem o dedo podre, só não sabe escolher bem   21
3. Você faz coisas idiotas quando se deixa levar pelas emoções   29
4. A sutil arte de dizer "não"   35
5. Relacionamento não é sinônimo de felicidade   41
6. Satisfações que você não deve a ninguém   47
7. Erros e cagadas: como lidar com eles   53
8. O amor não é suficiente para manter um relacionamento   59

PARTE 2: A tênue linha entre o trabalho e a vida pessoal

9. Você não é especial (e isso é ótimo)   65
10. É possível gostar de segunda-feira?   71
11. Trabalhar com o que você ama não vai fazê-lo feliz   77

12. Talento versus trabalho duro: quem vence?   81
13. Três passos para qualquer coisa dar certo   85
14. O que atrasos dizem sobre você   91
15. Fodam-se a motivação e a inspiração   95
16. O sucesso profissional é superestimado   99
17. E se eu for um fracasso?   105
18. A (des)inteligência emocional   109
19. A procrastinação e você   116
20. Como lidar com a sobrecarga (antes de pirar)   123
21. Estresse: como transformá-lo em seu aliado   130
22. Desista (vai ser melhor pra você)   136

PARTE 3: Afinal, o que fazer da minha vida?

23. O que não nos dizem quando temos dezoito anos   143
24. O pensamento positivo e a ditadura da felicidade   149
25. Solitude: como lidar com a solidão   155
26. Mantenha seus amigos por perto   159
27. A bad nossa de cada dia   165
28. Tudo bem você não saber o que fazer da sua vida   173
29. Você pode (e merece) mais   177
30. Como seguir em frente (apesar de tudo)   183
31. Como lidar com o tempo   189

Introdução

> "Somos assim. Sonhamos o voo, mas tememos as alturas. Para voar é preciso amar o vazio. Porque o voo só acontece se houver o vazio. O vazio é o espaço da liberdade, a ausência de certezas. Os homens querem voar, mas temem o vazio. Não podem viver sem certezas. Por isso trocam o voo por gaiolas. As gaiolas são o lugar onde as certezas moram."
>
> RUBEM ALVES | Psicanalista, educador e escritor

Primeiramente, sinta-se à vontade ao abrir estas páginas: você está entre amigos. Não somos seus gurus, professores, mestres, guias espirituais, muito menos algum tipo de *coach*. As palavras a seguir derivam de conhecimentos que adquirimos não só com base em nossa vida, mas na de milhares de pessoas que, ao longo do tempo, tocamos de alguma maneira.

Cada capítulo deste livro carrega um pouco das 100 milhões de visualizações do nosso canal no YouTube, das 3 milhões de visitas mensais ao nosso site e das centenas de perguntas que chegam a cada semana. São números impressionantes, bonitos de mostrar. No entanto, o que realmente importa é que, nesses cinco anos em que trabalhamos juntos, aprendemos uma lição: muitas vezes, um tapa na cara pode ajudar bem mais do que uma mensagem carinhosa.

Não estamos falando de um tapa desmedido, daqueles que machucam e marcam para sempre, mas sim daquele tapa que faz você acordar de um estado de transe. Que o tira da inércia e o coloca em movimento. Daquele amigo que te manda a real na mesa do bar. Da mãe que te cobra para que você se dê conta dos rumos que anda tomando na vida.

Taí o propósito deste livro: empurrá-lo – nem sempre da maneira mais gentil – para fora da sua zona de conforto. Parece assustador, mas é necessário. Nesses tempos de redes sociais, temos a tendência de nos isolar em bolhas. Só ouvimos o que gostamos de ouvir e convivemos apenas com quem compartilha dos mesmos gostos e opiniões que nós. Não é à toa que, cada vez mais, as pessoas não sabem lidar com alguns dos sentimentos mais comuns da vida, como perda, dor e rejeição.

Criamos uma redoma de vidro muito frágil entre nós e o mundo lá fora. Por conta disso, nos desesperamos cada vez que ela trinca e temos contato com o vento frio da realidade.

Sentimos informar, mas as próximas páginas não guardam nenhum novo método ultrarrevelador. Não desvendaremos nenhum segredo, tampouco apresentaremos um maravilhoso manual de conduta sobre como viver a vida. Elas guardam apenas uma série de provocações. Algumas que você já deve ter ouvido antes e acabou esquecendo ao longo do tempo. Outras a respeito das quais talvez você nunca tenha pensado.

Cabe a você entender qual a melhor maneira de aplicar cada uma delas, sabendo que este livro – ou qualquer outro – por si só não vai te revestir de superpoderes. Mantê-lo na cabeceira da cama não vai fazer de você uma superpessoa pronta para mudar o mundo. Mas, veja bem, você possui, *sim*, toda a capacidade para fazer a diferença na sua vida e na comunidade em que vive.

Talvez ninguém nunca tenha te contado isso, mas dá para tentar viver uma vida mais ativa e parar de ficar esperando que o destino o presenteie com algo gentil. Talvez tudo de que você precise seja um belo tapa na cara de presente de um amigo.

Pode contar conosco para isso!

PARTE 1

Precisamos FALAR sobre como NÃO quebrar a CARA

1. Você não precisa (nem vai conseguir) agradar todo mundo

> "Como 95% das pessoas são imitadoras, e apenas 5% são iniciadoras, elas são convencidas mais pelas ações dos outros do que por qualquer prova que possamos oferecer."
>
> CAVETT ROBERT | Apresentador de TV

Ao longo dos séculos, a humanidade se deparou com uma verdade difícil de ignorar: pessoas inteligentes tomam decisões idiotas e moralmente questionáveis apenas para agradar os outros.

Acontece nos mais diversos aspectos da vida.

Na ânsia por passar uma boa impressão, deixamos de fazer muitas coisas com medo de virar a piada do dia. De vestir uma roupa diferente e acabar ouvindo um "Que camisa de viado, hein?", ou "Menina, cadê o resto da sua saia?".

Optamos por não fazer determinada faculdade, receosos do que nossa família possa pensar. Um dia, sua mãe te chama na cozinha e dispara: "Ai, meu sonho é ter um advogado na família, acho tão bonito filho advogado! Usa roupa social todo dia, tão elegante…".

Assim, sucessivamente, vamos de erro em erro, até que alguém aperte um botão que exploda o mundo ao meio – só para causar uma boa impressão no grupo de amigos.

Durante anos, multidões assistiram na maior naturalidade muito do que hoje consideramos barbaridades. "Se todo mundo tá fazendo isso, deve estar certo." O simples ato de se rebelar contra uma massa é até hoje considerado algo assustador. Não só por temermos uma reação raivosa, mas também pelo medo que temos da rejeição. Os cientistas chamam esse fenômeno psicológico de *prova social*.

Um experimento realizado em Nova York, em 1969, pelo trio de cientistas Milgram, Bickman e Berkowitz comprova isso. Inicialmente, os pesquisadores pediram a um sujeito que ficasse parado numa esquina da cidade, olhando para cima. De início, poucas pessoas que passaram pelo indivíduo olharam para o alto para checar o que ele estava observando. No estágio seguinte do experimento havia cinco pessoas olhando para o céu. O número de pedestres que reparou naquele curioso grupo estático e procurou saber o que tanto aquela galera observava praticamente quadruplicou.

A prova cabal veio quando foram colocados quinze atores olhando para cima. Cerca de 45% das pessoas que passaram pelo grupo pararam e olharam para cima, mas seguiram seu caminho. Dos 55% que não pararam, 80% olharam para o alto mesmo assim. Afinal, pessoas não olhariam para cima se não tivesse algo para ver, certo?

A prova social mostra como presumimos que as ações das outras pessoas determinam um comportamento adequado para uma ou outra situação. Quando não somos capazes de decidir qual o jeito certo de agir – ou quando bate uma preguiça grande demais para tomar uma decisão –, seguimos o impulso de achar que os outros sabem mais do que nós. Pode parecer o mecanismo mais idiota do mundo, mas funcionou bem durante um longo período.

Na pré-história, correr quando seu grupo de caça inteiro saía correndo podia ser a diferença entre ficar vivo ou ser devorado por um predador. Migrar para o norte durante o inverno poderia ser a diferença entre morrer congelado ou viver mais uma estação.

O ser humano é um animal social. Seguir um grupo não só nos manteve vivos por muito tempo como também fez com que a humanidade continuasse a procriar e a evoluir. Cinco caçadores juntos conseguiam abater animais maiores. Dez agricultores podiam cuidar de um espaço maior de terra e garantir uma colheita fértil, que durasse todo o inverno. Um vigia noturno garantia que o bando sobrevivesse aos perigos da noite. Mas, para que todas essas interações funcionassem, uma espécie de lógica se fez necessária.

No desenrolar dos milênios, fomos criando uma série de regras escritas e não escritas baseadas nesses princípios primitivos que buscavam o bem comum. Elaboramos um sem-número de comportamentos que nem sempre gostamos de seguir, mas que fazemos a fim de manter um bom convívio em grupo – desde jogar o lixo no lugar certo e não fumar em determinados lugares a usar roupas em público. Cumprimos todos esses preceitos para continuar a viver bem e em harmonia com o nosso bando. Porém, é comum colocarmos o bem-estar coletivo à frente do nosso.

Tomemos como exemplo o Clayton.

Em uma bela quinta-feira, enquanto tomava seu café da manhã, Clayton assistiu a um comercial de molho de tomate na TV e sentiu vontade de comer um pratão de macarrão à bolonhesa. *Nesse fim de semana vou almoçar macarronada*, ele pensou, *e nada vai me impedir*. Mal sabia Clayton o que o destino lhe reservava.

Naquela mesma quinta-feira, ele ficou até mais tarde no trabalho para agradar o chefe, mesmo querendo ir logo para casa. "Será que você consegue agilizar esses relatórios para mim?", indagou o patrão, naquele tom de voz que mistura pedido com obrigação. Na sexta-feira, após o expediente, Clayton saiu com os amigos para uma balada, mesmo cansado e com sono depois do trabalho extra. Não queria desapontar os colegas.

No sábado, Clayton deixou de vestir a camiseta do time do coração e sua confortável bermuda porque a namorada não aprova esse tipo de roupa. *Se faz ela feliz, também me faz feliz*, ele pensou.

E no domingo, na hora do almoço, comeu arroz, feijão e frango, porque ninguém da família estava a fim de macarrão. *Deixa pra semana que vem...*, disse uma voz em sua cabeça, enquanto ele enchia desanimado a boca de comida e observava as pessoas felizes ao seu redor.

Quando passamos tempo demais querendo satisfazer os gostos alheios, deixamos os nossos próprios de lado. Tudo bem que a odisseia de Clayton pode soar mundana e irrelevante, mas as pessoas passam a vida inteira fazendo de tudo para agradar os outros e se esquecem de si mesmas. Esforçam-se tanto para transmitir uma boa visão ao mundo que sacrificam o autoconhecimento e a própria satisfação no processo. Tornam-se, assim, tão subservientes e omissas que se transformam numa mera sombra de ser humano, sem qualquer desejo, sem qualquer vontade.

No livro *Antes de partir: uma vida transformada pelo convívio com pessoas diante da morte*, a enfermeira australiana Brownie Ware, especialista em cuidados paliativos e doentes terminais, listou os principais arrependimentos de seus pacientes antes de morrer.

Entre os principais apontamentos, estão:

• "Queria ter aproveitado a vida do meu jeito e não da forma que os outros queriam."

• "Eu gostaria de ter me permitido ser mais feliz."

Em tempos de redes sociais, em que vivemos em função de conquistar o maior número de *likes* alheios, deixamos de seguir esses princípios tão simples.

O fato é que, para poder viver bem em sociedade, temos de agradar – nem que minimamente – aqueles que convivem em nosso círculo social. Todos teremos de engolir alguns sapos no escritório para conseguir manter o emprego até o fim do mês. Também temos de aprender a lidar com as crises de nossos parceiros, a fim de manter um relacionamento saudável. Mas é imprescindível estabelecer um equilíbrio entre os sacrifícios e os sorrisos amarelos e aquelas coisas que nos fazem bem. É uma questão de fazer escolhas.

No processo de tentar viver uma vida mais leve, precisamos aprender a dizer "não" para algumas pessoas, mesmo que isso acarrete em inimizades. Mas, quer saber de uma coisa? Vai ter sempre alguém para te criticar e te cobrar. Você nunca vai ser bom o suficiente para os outros. Nunca vai ser rico o suficiente, inteligente o suficiente, bem-vestido o suficiente, magro – ou gordo – o suficiente. Se ficar rico e fizer sucesso, vão se lembrar de como era melhor quando você era mais humilde. Se fracassar e for à falência, vão falar que você não tinha o suficiente para o sucesso. Nunca vai ser o bastante.

> Se está dentro da lei, se o agrada, se o faz feliz e vai deixá-lo satisfeito, vá lá e faça. Afinal, todos temos apenas esta vida para viver e, se deixarmos as pequenas chances de ser feliz irem embora, talvez elas nunca mais voltem.

As pessoas cobram tanto porque não se trata da vida delas. Exigem uma perfeição inalcançável e que afeta apenas quem tenta atingi-la. Quando tentamos agradar aos anseios de todo mundo acabamos nos podando, deixando de fazer o que nos faz feliz.

Sacrificamos nosso bem-estar para tentar agradar aquele vizinho do qual nem gostamos, um colega de trabalho que não liga pra gente ou até mesmo um familiar que vemos apenas uma vez por ano.

Vale mesmo a pena sacrificar seu bem-estar por quem não se importa com você? Um conselho: se está dentro da lei, se o agrada, se o faz feliz e vai deixá-lo satisfeito, vá lá e faça. Afinal, todos temos apenas esta vida para viver e, se deixarmos as pequenas chances de ser feliz irem embora, talvez elas nunca mais voltem.

2. Você não tem o dedo podre, só não sabe escolher bem

> "O coração tem razões que a própria razão desconhece."
>
> BLAISE PASCAL | Matemático, inventor e filósofo

Para quem não gosta de si mesmo, qualquer lixo é aceitável. A escolha de um parceiro e do rumo que a relação vai tomar diz mais sobre você e suas carências do que você imagina.

Por mais que possa parecer que suas frustrações são mera conspiração do destino – já que muitas vezes suas péssimas experiências amorosas são reincidentes –, as escolhas de uma pessoa acabam por provar que existe, sim, um critério próprio de seleção. Seu "dedo podre" está diretamente relacionado à sua personalidade e ao modo como faz suas escolhas.

O psicoterapeuta e escritor Flávio Gikovate aponta que "essa ideia de que as coisas do amor acontecem por acaso é equivocada, e as pessoas gostam, até para se defender um pouco da sua má competência para escolher".

Há umas centenas de anos, o filósofo romano Marco Túlio Cícero proferiu: "Qualquer pessoa pode errar; mas ninguém que não seja um tolo persiste no erro". Parece simples, não? Mas o que o Marco Túlio não leva muito em conta é essa nossa tendência de não percebermos quando erramos. É só reparar que todo motorista acha que está com a razão: barbeiro é sempre o outro. Mais fácil apontar do que refletir. Acontece... somos todos humanos.

O problema está no costume que temos de cometer o mesmo tipo de erro uma vez após a outra, sucessivamente, e continuar nos machucando.

> Precisamos encarar a triste realidade de que o amor de nossa vida pode ser um câncer.

É aquela velha história: menino conhece menina. Apaixonam-se. Tudo parece lindo nas fotos das redes sociais. Até o dia em que ela o troca por outro. Menino sofre. Passa os dias trancado em casa, até que conhece outra menina. Apaixonam-se. E ela também o troca por outro. E por aí vai...

"Tadinha da Marcinha. Ela não tem muita sorte com os namorados", diz a tia Berenice, entre uma cerveja e outra, nos churrascos de família.

Quase todo mundo tem um amigo ou amiga que tem "gosto ruim" para relacionamentos, passando por situações que vão desde traições e brigas a verdadeiros enroscos tóxicos e abusivos.

Alguns de nós têm a triste inclinação de se enfiar nesse tipo de relação. Como aquela estranha vontade de pular ao olhar para baixo quando estamos no alto de um edifício.

Acontece sem que a gente perceba. Então, num piscar de olhos, lá estamos novamente dormindo com o inimigo.

Há uma explicação bioquímica para isso. Quando a gente se apaixona, ocorre um forte fluxo de hormônios para o cérebro – como a oxitocina (o "hormônio do amor"), a dopamina (o "hormônio do prazer") e hormônios sexuais como o estrogênio e a testosterona. Você está de boa vivendo sua vidinha mais ou menos, até que aquela pessoa que não vale nada causa essa overdose de tesão e bem-estar no seu cérebro.

De acordo com um estudo da psicóloga Abigail Marsh, da Universidade de Georgetown, Estados Unidos, essas descargas ativam o mesmo mecanismo cerebral que a dependência em cocaína. O que explica por que tantas pessoas apaixonadas agem com tão pouco foco e tomam decisões irresponsáveis. Ou, melhor falando: o que explica por que tantas pessoas agem como idiotas quando estão apaixonadas.

A atração acontece em um nível tão profundo do nosso subconsciente que, antes que o racional tenha qualquer poder de decisão, já nos vemos interessados em mais um grande problema para a nossa vida.

É essa soma de fatores que nos faz mentir a nós mesmos. "Desta vez vai ser diferente", "Ele fica de papinho com outras garotas no Instagram, mas é de mim que ele realmente gosta" ou "Não é tão ruim quanto parece". Ladainhas que, se ouvíssemos da boca de um amigo iludido, responderíamos imediatamente com um tapa na cara e um grito de "Para de ser burro!". Somos surdos para as coisas burras que falamos e cegos para as situações ruins em que nos metemos.

Porém, em algum momento, a ação química e subsconsciente deixa de fazer efeito. Como um bêbado que acorda na manhã seguinte a um porre e tem de encarar uma ressaca daquelas, precisamos encarar a triste realidade de que o amor de nossa vida pode ser um câncer.

O príncipe encantado às vezes está mais para ogro. Ou melhor, para *vilão* mesmo, porque ogros costumam ser legais. O mal começa quando, mesmo após levar esses baldes de água fria de realidade, decidimos mentir para nós mesmos e nos mantemos presos a um relacionamento nocivo.

Algumas pessoas acreditam que estar em um relacionamento é mais importante do que se sentir feliz. Que nenhum grau de felicidade pode ser alcançado enquanto seu *status* nas redes sociais contiver a palavra "solteiro(a)". Outras acreditam que o amor é capaz de tudo – de mudar o caráter de uma pessoa, inclusive. Quem nunca conheceu uma pessoa que se apaixonou por outra, cheia de defeitos, mas seguiu em frente com a plena convicção de que conseguiria mudá-la com o poder do amor? *Spoiler*: esse tipo de estratégia quase nunca dá certo.

Essa predisposição por escolher relacionamentos ruins diz muito sobre nós mesmos, sobre a maneira como nos vemos e sobre todas as crenças que temos a respeito da vida. Com isso, acabamos nos afogando. Deixamos qualquer traço de personalidade de lado em busca de um "E eles foram felizes para sempre" em nossa história, quando, na verdade, o fim da história está mais para: "E ele foi feliz e ela passou uma vida inteira fazendo papel de trouxa".

Aceitamos desculpas esfarrapadas em nome do amor. Deixamos de lado nosso orgulho e amor-próprio enquanto o outro sapateia em cima da gente. Acomodamo-nos em relacionamentos que não nos fazem bem porque é gostoso ter alguém que diz que nos ama, andar de mãos dadas no shopping e ter sexo de vez em quando.

Fingimos que estar em um relacionamento ruim é melhor do que ser alvo de frases como "Você viu a Marina? Ficou pra titia!" ou "O Carlos nunca namora ninguém porque ele é um solteirão. Difícil de segurar".

Brigas, traições, falta de companheirismo... Aceitamos tudo isso acreditando que é tudo o que merecemos. Ou, convenientemente, terceirizamos a culpa para o destino.

Melhor rotular como vilão da história um suposto dedo podre que você ganhou de uma entidade cósmica que se diverte com suas desventuras amorosas do que assumir que suas escolhas são horríveis e, pior ainda, ter de lidar com elas.

Alguns até sentem certo prazer em carregar esse título, que quase sempre vem com um sentimento de dó e complacência: "Tadinho do Carlinhos, ele tem o dedo podre". Estes vestem a carapuça de vítima e ficam saltitando de

> O mal começa quando, mesmo após levar esses baldes de água fria de realidade, decidimos mentir para nós mesmos e nos mantemos presos a um relacionamento nocivo.

relacionamento em relacionamento, vivendo do compadecimento daqueles que os rodeiam.

Quer uma solução para dedo podre? Pare de ser passivo quando se tratar de relacionamentos. Comece assumindo sua inaptidão de fazer escolhas. Já é um bom início. Assim como o primeiro passo para lidar com algo como o alcoolismo é aceitar que você tem um problema com a bebida, o primeiro passo para se livrar de um relacionamento ruim é aceitar que ele está uma droga! Dê a si mesmo um tempo, mesmo que tenha de tirar dias, meses ou até mesmo anos sabáticos longe de relacionamentos.

Dedo podre até tem cura, mas o remédio precisa ser encontrado pelo paciente, e não atribuído a um fator externo.

Esqueça tudo o que aprendeu nos filmes de Hollywood, nos quais o mocinho e a mocinha sempre dão um jeito. Comece a pensar no que você quer para si. Sofrer afundado num relacionamento tóxico que o oprime e o deixa mal ou ser feliz sozinho?

Comece a dizer não para atitudes que não o agradam. Desconfie de comportamentos que possam revelar desvios de caráter de uma pessoa.

Uma boa ideia é trabalhar dois pontos fundamentais na sua personalidade: a carência e a autoestima. O primeiro ponto leva você a escolher qualquer coisa, já que inconscientemente emplacou esta máxima em sua cabeça: "Antes mal acompanhado do que só".

Carência faz com que você sempre dependa da aprovação de outra pessoa. Parece difícil, mas precisamos ser capazes de lidar com nossas próprias escolhas e decisões.

O segundo ponto – o da autoestima – é um pouco mais complicado. É o momento de desenvolver a trabalhosa arte do gostar de si mesmo. Mais do que lidar com o que fazemos, é preciso gostar de quem somos, ou, pelo menos, aceitar aquilo que vemos ao encarar o espelho.

A chave para encontrar um relacionamento saudável está em se valorizar e deixar que o outro seja apenas um complemento.

Por último, entenda de uma vez por todas que amar não é sofrer. O sofrimento não é caminho direto para chegar ao amor. Esses sentimentos andam na contramão ou em estradas que sequer se cruzam. Se seu problema é dedo podre, pergunte-se: "Será que não estou buscando um mar revolto e tempestuoso em vez de curtir um oceano tranquilo com alguém que realmente queira remar ao meu lado?".

Amor sem reciprocidade não é amor, é idolatria e doação sem retorno. Não há tesão nem desejo que compensem anos de sofrimento e solidão, principalmente se essa solidão for ao lado de alguém que não te quer bem.

3. Você faz coisas idiotas quando se deixa levar pelas emoções

"A raiva é um ladrão que rouba os bons momentos."

JOAN LUNDEN | Jornalista e apresentadora de TV

Se você ligar a TV em uma final de campeonato de futebol, provavelmente vai ver uma turba de torcedores cantando, gritando e chorando, quase como se suas vidas dependessem daquilo. Essa comoção toda, no entanto, não é exclusividade das modalidades esportivas modernas, já que mexem com as emoções humanas desde muito tempo.

No ano 532, em Constantinopla – onde hoje se localiza a cidade de Istambul, na Turquia –, as corridas de carruagem eram extremamente populares e atraíam milhares de espectadores para suas arenas. No decorrer das competições, duas torcidas rivais emergiram: os verdes e os azuis. Cada uma delas torcia por equipes diferentes de carruagens, e reza a lenda que seus gritos eram tão fortes que podiam ser ouvidos do outro lado do Estreito de Bósforo. Os fanáticos cantavam na Europa e podiam ser ouvidos na Ásia.

Porém, esse fanatismo ia muito além de gritar a plenos pulmões. Era bastante comum que torcedores se envolvessem em atos de vandalismo após as corridas. Homens, geralmente embriagados, brigavam entre si, saqueavam lojas e causavam terror no restante da população que só queria curtir uma corrida.

No intuito de impedir a depredação do patrimônio público, o imperador Justiniano resolveu aplicar leis severas contra os *hooligans* de seu tempo – atitude sensata e esperada por parte das autoridades frente a tais atos de selvageria.

O caldeirão começou a esquentar, já que a população local se mostrava insatisfeita. A fome, a falta de moradia e os altos impostos cobrados já não podiam ser camuflados pela diversão proporcionada pelas corridas. Sem pão, o circo não tinha graça nenhuma.

A gota d'água veio quando coube ao imperador sanar uma dúvida sobre quem havia sido o vencedor de uma disputa que terminara praticamente empatada. Em vez de ouvir a voz do povo, que clamava para que a vitória fosse concedida a determinado concorrente, Justiniano declarou seu próprio cavalo vencedor. E foi então que o bicho começou a pegar.

A revolta da população foi tão grande que torcedores raivosos tomaram as ruas de Constantinopla numa onda de atos violentos que durou três dias, chegando até mesmo a ameaçar a permanência do imperador no poder. Foi assim que nasceu a Revolta Nika, um dos maiores conflitos internos do Império Bizantino.

A raiva fez com que os rivais azuis e verdes juntassem forças. Imagine palmeirenses e corintianos, gremistas e colorados, flamenguistas e fluminenses, todos unidos contra um inimigo comum.

Durante a revolta, os manifestantes destruíram dezenas de prédios públicos, entre eles o antigo Hagia Sophia. O famoso ponto turístico que temos hoje em Istambul é uma versão construída após o tumulto. Os revoltosos ameaçaram invadir o palácio e quase derrubaram o imperador, até que resolveram eleger um senador como representante do povo.

Os conflitos só cessaram quando Justiniano lançou uma ofensiva com seu exército e matou mais de 30 mil pessoas. Destruição, pânico nas ruas e milhares de mortos. Tudo por conta de simples corridas de carruagem.

Se sentimentos acalorados quase destruíram o Império Bizantino, o que você acha que eles podem fazer com sua vida?

Claro que nem sempre você vai contar com uma turba para fazer coro nos seus dias de fúria. Na maioria das vezes, não vai passar de uma carranca ou de um comportamento hostil que, no máximo, vai espantar quem estiver por perto. Mas, como deu para perceber, fazemos coisas idiotas quando nos deixamos levar pelas emoções.

Passamos tanto tempo repetindo que o ser humano é um animal racional que nos esquecemos dos danos que o emocional pode causar à nossa vida. Dizemos coisas erradas às pessoas que amamos, chutamos a parede de nervosismo e chegamos a colocar em risco a carreira profissional ao dizer "verdades" para um chefe após uma situação de estresse no escritório.

A inteligência emocional – ou a capacidade de reconhecer e lidar com os próprios sentimentos – pode ser o fator decisivo que torna algumas pessoas mais bem-sucedidas que outras, tanto no trabalho como na vida pessoal.

Ser capaz de controlar o nervosismo perante grandes decisões pode ajudá-lo a ser um bom líder e garantir aquela tão sonhada promoção, mas não se iluda: ter inteligência emocional não se trata de enganar as pessoas, mas de não culpar os outros pelo seu desequilíbrio interno.

É o autocontrole que refreia uma pessoa para que não desconte no mundo seus anseios e frustrações.

Observe a maneira como você age quando experimenta certas emoções e como isso afeta sua vida. Seus sentimentos interferem na sua comunicação com os outros, na sua produtividade ou no seu senso geral de bem-estar?

Quantos momentos de dificuldade em sua vida foram agravados ou até provocados pelo simples fato de você estar no piloto automático de suas emoções (as boas e as ruins)?

Quantas vezes você, tomado por um instante de felicidade, não fez uma compra que afetou seu orçamento do mês? Segundos antes de digitar a senha do cartão e apertar "Confirma", você pensou: "Este é um momento feliz, eu mereço comprar este celular novo".

Isso sem mencionar o suprassumo dos sentimentos por trás de atitudes descabidas e que geram dor de cabeça: o amor.

Ah, o amor! Razão pela qual dedicamos dinheiro, tempo e até mesmo saúde a quem talvez não dê a mínima pra gente. Fazemos coisas idiotas quando somos guiados única e exclusivamente por nossos sentimentos, e somos culpados por isso.

Não é fácil manter o controle quando alguém fura a fila bem na sua frente. É perfeitamente natural querer expressar a raiva, mas cabe a um animal racional escolher se vai lidar com a situação dando um murro na cara do indivíduo – o que pode ser bem prazeroso, mas passível de consequências legais – ou reclamando para alguma autoridade no local. Ou, quem sabe, apelar para o bom e velho diálogo.

O problema não é o fato de reagirmos a situações, mas *como* reagimos a elas. Grandes discussões podem ser evitadas com poucos segundos de reflexão. Mandar o seu chefe para aquele lugar pode até render um momento extremamente agradável, mas certamente não compensa os

> Passamos tanto tempo repetindo que o ser humano é um animal racional que nos esquecemos dos danos que o emocional pode causar à nossa vida. Dizemos coisas erradas às pessoas que amamos, chutamos a parede de nervosismo e chegamos a colocar em risco a carreira profissional ao dizer "verdades" para um chefe após uma situação de estresse no escritório.

meses seguintes de desemprego. Não é fácil se controlar, mas é necessário.

A pressa e o estresse do cotidiano nos fazem viver à beira de um ataque de nervos, mas o mundo não é culpado por nosso estado mental – e nem nos deve compaixão por exageros de nossa parte.

Muitos tendem a terceirizar a culpa de seus atos só para não admitir certo descompasso sentimental. Inventam desculpas do tipo "Não sou grosso, apenas direto", ou podem até responsabilizar os astros: "Sabe, não te trato assim porque sou uma pessoa ruim... É que sou de Áries".

Quando agimos guiados única e exclusivamente pelas emoções, somos julgados e sofremos as consequências. Pessoas tendem a se afastar ou mesmo evitar aqueles que não conseguem conter seus ataques de raiva ou grosseria. Um cachorro bravo precisa de focinheira para poder sair... Isso devia servir de exemplo para alguns seres humanos também.

Inteligência emocional não se desenvolve de uma hora para outra. É uma prática constante, a ser treinada dia após dia. Desafiador? Sim. Porém, muito melhor do que se tornar para sempre refém de escolhas ruins baseadas no calor dos sentimentos.

4. A sutil arte de dizer "não"

> *"Negar com elegância o que é solicitado equivale a um favor."*
>
> PUBLÍLIO SIRO | Escritor latino da Roma Antiga

Você faz sempre a vontade dos outros, mas, quando chega a vez de suprir suas necessidades, as pessoas não dão a mínima pra você? Sacrifica seu tempo livre para ajudar os outros em coisas que não lhe competem e não recebe nenhum agradecimento à altura? Vive atolado em tarefas e não consegue dedicar tempo suficiente para cumprir nenhuma delas decentemente? Talvez esteja na hora de você aprender uma palavrinha que pode mudar sua vida: o NÃO.

Porém, antes de falarmos desse glorioso advérbio, conversemos um pouco sobre uma outra palavra que, ao contrário do "não", tem ganhado popularidade nos últimos anos: o *burnout*.

O conceito da síndrome de burnout foi definido pelo psicólogo norte-americano Herbert J. Freudenberger no final dos anos 1970. O distúrbio é causado pelo esgotamento no ambiente de trabalho ou doméstico pelo acúmulo de afazeres, cobranças em excesso e falta de tempo para o lazer ou o descanso. Nos últimos anos, a síndrome tem sido apontada como uma das mais nocivas doenças do século XXI.

De acordo com uma pesquisa da filial nacional da International Stress Management Association (Isma), que avaliou mil pessoas de 20 a 60 anos entre 2013 e 2014 só no Brasil, 30% dos profissionais apresentam esse quadro, e é fácil de explicar por quê. Se antigamente o expediente de um trabalhador terminava na hora em que ele batia o ponto, hoje o trabalho o acompanha até em casa em seu *smartphone*. Mesmo aos fins de semana, muitos profissionais continuam respondendo a e-mails ou mensagens de seus superiores ou clientes.

A rotina nas grandes cidades cobra seu preço. Além de se preocupar em apresentar um bom rendimento no trabalho, um empregado hoje precisa se preocupar em *como* conseguir chegar até ele, já que a falta de infraestrutura e a ineficiente malha de transporte público nas grandes metrópoles fazem do simples ir e vir da casa para o serviço uma epopeia exaustiva.

Uma pesquisa sobre mobilidade urbana encomendada pela Rede Nossa São Paulo apontou que um morador da capital paulista perde 45 dias a cada ano se deslocando de casa para o trabalho e vice-versa. Para os que utilizam o automóvel, são cerca de três horas e seis minutos todos os dias. Cinco minutos a menos do que aqueles que encaram o transporte público. Isso sem levar em conta a desgastante rotina daqueles que decidem ter filhos, e precisam fazer um verdadeiro contorcionismo para conciliar a profissão e a criação dos pequenos, que precisam ser levados para a escola, natação, inglês. E demandam, claro, um mínimo de atenção.

Essa sobrecarga afeta diretamente a qualidade de vida de um indivíduo. Por estarmos cheios de coisas para fazer, nos desgastamos mais, realizamos nossas atribuições na pressa e somos propensos a cometer mais erros. Com a bateria no talo, surge o nervosismo e a triste sensação de ser um fracasso ambulante.

Nessa nossa ânsia de fazer mais coisas do que um ser humano é capaz, acabamos agindo como um peixinho que tenta sair da água e sapatear tal qual um bailarino do *The Lord of the Dance*. Ao fim, percebendo que não consegue respirar quando está no solo, o peixe ainda pensa consigo: *A culpa é toda minha*.

> Dizer "não" é posicionar-se como um indivíduo com vontades próprias.

Repetimos esse ciclo de falhar e nos sentir mal até que nossa saúde e equilíbrio mental sejam afetados, muitas vezes descarregando frustrações em familiares e amigos, que nada têm a ver com nosso desgaste.

Em ambientes de trabalho tóxicos e com uma cultura que acredita que os esgotamentos físico e mental sejam parte do processo de tornar-se bem-sucedido, é imprescindível aprender a dizer "não" para manter a saúde em dia. E isso também vale para outros aspectos da vida.

Dizer "não" é posicionar-se como um indivíduo com vontades próprias. É deixar a baixa autoestima e a vontade de agradar os outros de lado. É parar de confundir educação com subserviência. Educação implica agir com cortesia e civilidade com as pessoas ao redor. Subserviência é a submissão voluntária à vontade alheia.

Quando uma pessoa diz "não", ela se impõe em seu meio e manifesta que tem direitos e necessidades, podendo, assim, recusar propostas que não sejam de seu agrado ou que possam afetar sua qualidade de vida.

Claro que começar a dizer "não" não significa que alguém possa simplesmente se recusar a cumprir com suas responsabilidades. Não dá para se negar a ir trabalhar e mesmo assim esperar receber um salário no início do mês.

O "não" é um instrumento que ajuda a lidar com o tempo e a disposição ao longo da vida. Quantas vezes você simplesmente não queria ir a determinado compromisso e foi apenas para agradar um grupo de amigos ou seus familiares? Quantas vezes você resolveu ajudar alguém em uma tarefa desgastante quando precisava estar em casa descansando?

É nesses momentos que um "Hoje eu não posso" ou mesmo um "Hoje eu não quero" se mostram necessários. Tudo bem não querer sair sempre. Ninguém deveria ser obrigado a aceitar todos os convites e atender sempre os desejos dos outros. Sem contar o fato de que certas decisões precisam de

> Cinco minutos ajudando alguém quase nunca são só cinco minutos. E tudo vira uma bola de neve. Ao correr atrás do tempo perdido, você deixa de dormir, de comer, sua saúde entra em risco, seu trabalho perde qualidade; você gasta um tempão refazendo coisas que poderiam ter sido bem-feitas logo na primeira vez.

tempo. Quando tomadas no atropelo, não só atrapalham sua vida pessoal, profissional e sua saúde, como também podem causar sérios danos ao orçamento mensal. Uma viagem cara precisa ser planejada com cuidado, cada gasto deve ser estudado. Temos que saber de onde sairá o dinheiro para um presente no shopping ou um jantar em um restaurante chique.

Por outro lado, também temos de encarar que certas decisões não precisam de satisfações. Se você sentou, refletiu, analisou e decidiu algo, não precisa ficar se desculpando para o mundo por ter se priorizado.

Ao ler estas palavras, é fácil cair na tentação de achar que conceitos como "o poder do não" e "se priorizar" conferem ao indivíduo o direito de destratar aqueles que o cercam e nunca mais ajudar nem se comprometer com um amigo. É óbvio que a ideia não é essa. Não há nada de errado em ajudar as pessoas. O errado é deixar de viver a vida para carregar os outros nas costas.

E se uma tarefa que parecia simples consumiu todo o seu tempo? E se naquele dia você estava exausto e precisava descansar? Um espacinho na agenda é necessário para que se possa dar um pouquinho de atenção à própria vida.

Cinco minutos ajudando alguém quase nunca são só cinco minutos. E tudo vira uma bola de neve. Ao correr atrás do tempo perdido, você deixa de dormir, de comer, sua saúde entra em risco, seu trabalho perde qualidade; você gasta um tempão refazendo coisas que poderiam ter sido bem-feitas logo na primeira vez.

Não precisa introduzir o "não" em sua vida de uma maneira brusca. Vá de boa, aos poucos. Você vai se surpreender ao ver que, muitas vezes, as pessoas simplesmente aceitam sua negativa.

Cobramos de nós mesmos um excesso de educação e humildade, e isso vai se tornando um verdadeiro grilhão em nossa existência. A verdade é que devemos encarar que certas coisas não são responsabilidade nossa.

Um "não" pode ser sutil, pode ser empoderador e pode fazer toda a diferença. Pratique.

5. Relacionamento não é sinônimo de felicidade

> "Eu sem você sou só desamor. Um barco sem mar, um campo sem flor. Tristeza que vai, tristeza que vem. Sem você, meu amor, eu não sou ninguém"
>
> VINICIUS DE MORAES | Poeta, cantor e diplomata

Desde que saímos das cavernas, a habilidade de contar histórias fez maravilhas pela nossa espécie. Devemos a esse nosso incrível talento o fato de termos povoado os quatro cantos do mundo.

São essas histórias que nos fazem acreditar que linhas invisíveis num mapa formam um país e que todas as pessoas que residem dentro delas constituem um povo. Também são elas que ditam que devemos seguir este ou aquele conjunto de regras, ou podemos ser punidos pela justiça – seja ela humana ou divina.

Quer que uma criança aprenda algo? Inclua uma lição em uma história. Pode ser algo como uma menininha indo visitar a vovó e tendo de escolher entre um caminho longo, porém seguro, e um atalho curto e perigoso. Esteja certo de que, ao final, a criança vai pensar duas vezes antes de confiar em lobos fantasiados de velhinhas simpáticas.

Os contos de fadas estão aí há alguns séculos para provar que prestamos atenção e aprendemos com narrativas. O que nem sempre significa uma coisa boa.

Ligue a TV e procure algo aleatoriamente. Caso não caia em uma novela – cujas tramas quase sempre giram em torno de uma história de amor –, dará de cara com um filme no qual, provavelmente, mocinho e mocinha ficarão juntos, mesmo quando isso não for relevante para o enredo ou sequer fizer sentido.

Na infância, seu sono será embalado por histórias de príncipes e princesas que encontraram o amor verdadeiro. Um pouco mais velho, ouvirá mamãe e vovó dizerem que um dia você vai encontrar alguém que o completará, o fará feliz e formará com você uma família.

No começo da vida adulta, um fim de semana após o outro, vai marcar com os amigos de sair à noite para ouvir música de qualidade questionável, consumir bebidas alcoólicas por preços muito acima do que pagaria em um supermercado e, quem sabe, encontrar alguém que atenda às expectativas de sua família. Ou que pelo menos proporcione uma boa noite de sexo.

E um dia, já adulto, você vai se encontrar em um relacionamento. Mas, mesmo assim, talvez não consiga compreender por que ainda não é feliz, ainda que esteja casado, com filhos e boletos pra pagar. Será que a tão anunciada felicidade não encontrou seu endereço?

O amor nos é vendido como se fosse a cura para todos os problemas do mundo. Um tipo de bálsamo impermeabilizante que, uma vez aplicado, nos torna imunes às dificuldades da vida. Um ponto de chegada para uma corrida que se inicia no momento em que começamos a sentir atração sexual, e que termina apenas quando estivermos casados, com filhos, cachorro, gato. Só então nos sentiremos felizes... o que não é necessariamente uma verdade.

É claro que é bom ter alguém para compartilhar as dores de muitas situações. Porém, carregar o *status* de "casado" ou "namorando" não vai evitar que coisas ruins aconteçam. Em alguns casos, o próprio relacionamento é o causador dos seus problemas.

Milhões de casais encontram-se juntos por comodismo ou pelo simples medo de encarar a solidão. Prolongam, por anos a fio, relacionamentos claramente fadados ao fracasso só porque foram doutrinados a acreditar que o amor deve sempre vencer no final. Transformam um sentimento de união, que deveria ser algo bom, em uma tortura oficializada em cartório.

No fim das contas, corremos tanto atrás de um relacionamento porque temos medo de quem somos, de nos encarar no espelho e lidar com o fato de que somos protagonistas de nossa própria história e temos responsabilidade por nossas escolhas – as boas e as ruins.

> Dá pra ser feliz solteiro. Você não é a metade de uma laranja caminhando a esmo pelo mundo. Você é uma laranja inteira.

Muitas pessoas preferem seguir acompanhadas em uma longa estrada rumo ao desastre – "Pelo menos tenho com quem conversar ao longo do caminho..." – a terem de tomar, por si sós, a direção de suas vidas. Veja bem: este não é um ensaio contra relacionamentos, mas sim contra qualquer sentimento de *obrigatoriedade* que se tenha para estar em um.

Dá pra ser feliz solteiro. Você não é a metade de uma laranja caminhando a esmo pelo mundo. Você é uma laranja inteira.

"A felicidade só é real quando é compartilhada". Estas foram algumas das palavras finais escritas por Christopher McCandless, cuja história inspirou o filme *Na natureza selvagem*, pouco antes de morrer. Esse mesmo conceito pode ser aplicado à sua vida de solteiro.

Não estar num romance não significa que você vai deixar de ter amigos, familiares, *hobbies*, curtir viagens, passar por dias bons e ruins. E o mesmo pode ser dito para quem está em um.

Enxergamos o outro como um bote salva-vidas, um bilhete premiado, aquele que vai dar sentido à nossa existência, corrigir as falhas do presente e nortear nossa jornada. Não vai ser assim.

Relacionamentos são complexos, e é preciso muita maturidade para encará-los, doar-se ao outro e tomar decisões certas. Além disso, é preciso aceitar o fato de que a maioria dos seus relacionamentos vai acabar em algum momento, para, quem sabe, algum deles vingar. Se é que algum vai dar certo.

Já o fim, quase sempre, será doloroso, difícil e traumático. Essa é praticamente uma lei da natureza. Agora, imagine o que vai acontecer se, no meio do impacto do rompimento, você descobrir que depositou sobre aquela pessoa que foi embora toda sua alegria, felicidade e realizações? Como vai aguentar o baque, aprender com o luto e tomar um novo rumo na vida?

> O amor nos é vendido como se fosse a cura para todos os problemas do mundo. Um tipo de bálsamo impermeabilizante que, uma vez aplicado, nos torna imunes às dificuldades da vida.

Um relacionamento que se baseia apenas na vida a dois, sem espaço para o mínimo de individualidade ou satisfação pessoal, tem tudo para resultar numa convivência tóxica e abusiva. E, ao nos contentarmos em estar em uma relação apenas por estar, deixamos de viver um conto de fadas para protagonizar uma história de terror.

Ninguém deve depositar sua segurança e sucesso somente nas mãos do outro. Relacionamentos carecem alimento para sobreviver, e só terão uma base forte se os dois tiverem estrutura e segurança. Mas, claro, não precisa se fechar e cultivar um coração peludo.

Esteja aberto às possibilidades, mas sempre ciente de que nada nem ninguém vão preencher uma carência ou deficiência sua.

Você é capaz de se fazer feliz ou infeliz a qualquer momento. Não permita que outro tome as rédeas de sua vida e de sua felicidade.

6. Satisfações que você não deve a ninguém

> "A virtude vem de nós mesmos. É uma escolha que só a nós pertence. Quando um homem perde a capacidade de escolher, deixa de ser homem."
>
> ANTHONY BURGESS | Escritor britânico

"**C**onhece-te a ti mesmo"... Não precisa ser um exímio estudioso para conhecer esse aforismo. Não se sabe com certeza quem é o autor dessa máxima, mas muitos estudiosos a atribuem ao sábio grego Tales de Mileto, primeiro filósofo ocidental de que se tem notícia, falecido em 548 a.C., aproximadamente. A frase completa é: "Conhece-te a ti mesmo e conhecerás os deuses e o universo". Ela está escrita na entrada do templo de Delfos, na região central da Grécia, erguido em honra a Apolo, o deus grego do Sol, da beleza e da harmonia.

Ambos aforismos tratam da importância de buscar a nossa verdade pessoal. O primeiro sugere que, antes mesmo de obter o verdadeiro conhecimento sobre as coisas e sobre o mundo à nossa volta, devemos nos conhecer. O segundo, por sua vez, aponta que devemos ter uma melhor compreensão de quem somos e descobrir nossas potencialidades em vez de dar demasiada importância ao que as outras pessoas pensam sobre nós.

Antes que você resolva tocar um foda-se para tudo e todos – o que pode ser libertador, porém problemático para quem deseja viver em harmonia com a sociedade e fora da prisão –, você precisa ter consciência de que o que define sua vida são suas escolhas e o modo como reage às situações.

Somos culturalmente "programados" a manter as aparências e fugir ao máximo de conflitos. Agindo assim, esperamos receber a aprovação das outras pessoas, obter reconhecimento ou ser bem-aceitos em determinado grupo. O problema é que, enquanto você perde tempo tentando agradar demais os outros, pode perder também momentos preciosos ao deixar suas ideias e convicções de lado.

O resultado é que, muitas vezes, deixamos de ser nós mesmos para interpretar um simples personagem manipulado e manipulável.

> Você precisa ter consciência de que o que define sua vida são suas escolhas e o modo como reage às situações.

Saiba que, em muitos momentos, algumas pessoas se aproximarão de você para opinar sobre suas decisões e escolhas. Mas, na maioria dos casos, você não precisa dar satisfações a elas.

Vejamos o exemplo da Maria, que acaba de levar o namorado para uma festa de família. Mal chegam ao local e já são bombardeados de perguntas do tipo: "E o casamento?", "Você não está enrolando demais a moça?", "E os filhos, quando vêm?".

Sua vida amorosa não é um jogo de videogame com fases e etapas para passar. Se transam esporadicamente, se moram em lugares diferentes, se estão noivos há mais de uma década ou casaram pouquíssimo tempo depois de se conhecerem, são informações que interessam somente a você e à pessoa com quem se relaciona.

Não perca tempo justificando suas escolhas, seja no aspecto religioso, sentimental ou ideológico. Não se esqueça de que a felicidade não tem um formato pré-definido e cabe a cada um encontrar seu caminho particular.

Mesmo que nossa amiga Maria reapareça solteira meses depois no encontro familiar, muitos vão questionar sua solidão, como se fosse uma doença ou um transtorno de personalidade.

Somos livres para nos relacionar ou não. Somos muito mais do que um *status* nas redes sociais. Estar solteiro é só mais um desses rótulos sociais com os quais ninguém deveria se preocupar.

Não se envolva com alguém apenas porque o questionam ou o forçam a uma situação.

Agora levemos essas intromissões ao campo profissional. Em muitos momentos, as circunstâncias nos obrigam a optar entre nos dedicar mais ao trabalho ou aproveitar a vida. Quando se tem filhos, pode existir uma pressão para que o indivíduo se doe mais à família do que ao trabalho.

Não que abrir mão da família ou das realizações pessoais seja uma escolha fácil, bem como ver um objetivo de carreira distanciar-se cada vez mais. Mas sempre surge o momento em que você precisa dar um gás em um dos lados: dedicar-se mais ao trabalho hoje pode render uma vida confortável amanhã. Por outro lado, você pode ter um estalo e perceber que grandes êxitos profissionais não valem uma saúde debilitada ou distanciar-se de seus entes queridos.

Pode acontecer também de, após sair de um emprego que consumiu boa parte de sua energia, você, indeciso sobre que caminho profissional tomar, resolva largar tudo, dar outro rumo à vida encarando um mochilão, trocando de carreira ou começando do zero ao voltar para os estudos.

De todo modo, naturalmente, haverá pessoas apontando o dedo e criticando a maneira como você resolveu levar a vida. Deixe estar. Ninguém além de você pode tomar tal decisão. Por mais próximos que os outros estejam, foram as suas costas que aguentaram o peso da bagagem. Cabe somente a você decidir o rumo a tomar e arcar com quaisquer que sejam as consequências.

> Por mais próximos que os outros estejam, foram as suas costas que aguentaram o peso da bagagem. Cabe somente a você decidir o rumo a tomar e arcar com quaisquer que sejam as consequências.

> Não há satisfação maior na vida do que ter liberdade para fazer suas próprias escolhas. O aprendizado é fruto das experiências que colecionamos ao trilhar nossos caminhos.

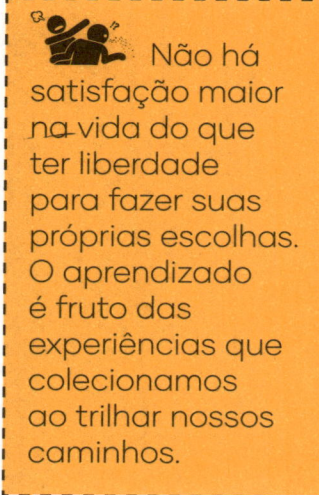

Se você avaliou bem as possibilidades, montou sua estratégia e tem confiança no que faz, vá em frente e boa sorte.

É tentador (afrodisíaco, por que não dizer...) receber elogios e a aprovação dos outros. Mas ser dependentes disso nos afasta do que importa de verdade. Na ânsia do reconhecimento alheio, acabamos nos distanciando do que realmente somos.

Todos precisamos definir metas e trabalhar com objetivos que nos desafiem e nos tirem da zona de conforto, mas não pode ser ao custo de nossa essência.

Não troque sua autenticidade, sua opinião, pela mera aprovação dos outros.

Não há satisfação maior na vida do que ter liberdade para fazer suas próprias escolhas. O aprendizado é fruto das experiências que colecionamos ao trilhar nossos caminhos.

Lembre-se de que a felicidade e a realização precisam estar consolidadas dentro de você, para só depois se expandirem e se exteriorizarem. Não o contrário.

7. Erros e cagadas: como lidar com eles

> "Você não pode resolver um problema com a mesma mentalidade que o criou."
>
> ALBERT EINSTEIN | Físico

Esqueça o ditado popular. Arrependimento mata, sim. Por vezes, bem lentamente.

Só quem já perdeu um grande amor por conta de um vacilo ou desperdiçou uma incrível oportunidade sabe a tortura que é acordar todos os dias e ter de lidar com o arrependimento por ter sacrificado a própria felicidade.

O fato é que todos estamos fadados a cometer uma série de erros e cagadas ao longo da vida. A maneira como lidamos com isso é o que vai determinar o tipo de pessoa que seremos e como viveremos o resto de nossos dias. É o velho clichê de que são os percalços que nos definem e fazem de nós quem somos. O problema é que lidar com eles nem sempre é tarefa fácil.

A fim de evitar encarar nossos próprios erros, tentamos fugir do modo mais improvável possível: sendo racionais.

Tomemos por exemplo o Jailson, que acaba de ser chamado na sala do RH da empresa. Nos últimos meses, Jailson tem se atrasado para o trabalho. Às vezes, por culpa do destino, que colocou o trânsito e um péssimo transporte público em seu caminho. Na maioria das vezes, contudo, por simples relaxo mesmo. "Tudo bem chegar um pouco mais tarde hoje, ninguém vai se importar", pensava ele. Se fossem apenas os atrasos, ele não estaria em tão maus lençóis.

O nível do trabalho do Jailson tem caído bastante ultimamente. Após anos na empresa, os relatórios que entrega já não têm a mesma qualidade. Por não buscar uma especialização, tem visto vários colegas de trabalho sendo promovidos, enquanto ele permanece estagnado no mesmo cargo e com o mesmo salário. Seu desempenho nas vendas despencou, sua relação com o chefe foi de mal a pior e, em pouco tempo, começaram as discussões num tom nada amigável.

A soma desses fatores sentenciou que a visita de Jailson à sala do RH fosse para pegar sua carta de demissão após anos de serviços prestados. Quando a ficha caiu, o novo desempregado olhou uma última vez através da janela do escritório e pensou: *Eu nem gostava tanto desse emprego assim. Não preciso dele. Vou conseguir coisa melhor, e bem rápido.*

Esse tipo de reação é comum em diversas situações: quando somos rejeitados por alguém a quem amamos, quando perdemos uma competição, quando vamos mal em uma prova de vestibular ou concurso público. Trata-se de um mecanismo de defesa do cérebro, que tenta, por meio da negação, minimizar o impacto da rejeição em nossa vida. Desta forma, o subconsciente nos "protege" – atente-se às aspas – da dor que certas más decisões poderiam causar. Os especialistas chamam esse processo de *racionalização*, que consiste na tentativa de se convencer de que algo ruim não é tão ruim assim. Entretanto, por mais que essa tentativa subconsciente de tapar o sol com a peneira pareça benéfica, não é. Uma hora ou outra a ficha cai, e, se ela demorar demais para cair, o impacto pode ser devastador.

> É normal se sentir frustrado e puto ao cometer um erro, mas frustração e estresse refletem o modo como reagimos a situações ruins. Se mudarmos nossa atitude, aos poucos os dois vão embora.

É só lembrar-se daquele amigo que tomou um pé da namorada e parecia estar lidando perfeitamente bem com a situação, estampando aquele sorrisão no rosto. Isso até a primeira noite em que bebeu umas cervejas a mais e começou a chorar feito um recém-nascido desesperado à espera do peito da mamãe. Você pode tentar fugir da verdade, mas uma hora ela vai bater à sua porta. Ou na sua cara.

Existem basicamente duas maneiras de lidar com um erro: ou o encaramos ou passamos a vida inteira reféns dele.

Alguns passam dias, meses e até anos se lamentando por alguma besteira que fizeram. É normal se sentir frustrado e puto ao cometer um erro, mas frustração e estresse refletem o modo como reagimos a situações ruins. Se mudarmos nossa atitude, aos poucos os dois vão embora.

Tudo começa com a aceitação do problema em si. *O que foi que deu errado? Consigo encontrar um motivo óbvio? O quanto isso afeta minha vida? Qual o próximo passo agora?*

Um médico só pode operar um paciente se tiver clareza acerca do mal que o aflige. Só podemos começar a lidar com nossos erros e cagadas se tivermos noção do que fizemos de tão ruim assim.

Após a aceitação, vem o controle dos danos. *Posso fazer alguma coisa para impedir que a situação piore?* A maior parte das doenças pode ser tratada se for diagnosticada em seus primeiros estágios. Já uma doença em estado terminal, são outros quinhentos...

Pode parecer que estamos apenas evidenciando o óbvio, mas quantas vezes não nos deparamos com um problema e postergamos buscar sua solução? Aquela pequena infiltração no teto da casa pode virar uma cachoeira em poucos meses. Uma despesa desnecessária e um problema gigante, especialmente quando o telhado cair na sua cabeça.

A parte mais importante de nossos enganos e tolices é o que podemos aprender com eles. Muita gente tem a tendência de cometer o mesmo erro de novo, de novo e de

> Errar, falhar, fazer uma burrada... é algo completamente humano. Porém, a partir do momento em que fazemos repetidamente algo que nos traz graves consequências, isso deixa de ser um erro e se torna uma escolha.

novo – mesmo estando ciente das consequências. É só reparar na quantidade de indivíduos que conhecemos que teimam em insistir no mesmo tipo de relacionamento destrutivo, vez após outra.

Errar, falhar, fazer uma burrada... é algo completamente humano. Grande parte das crenças e filosofias concorda que somos criaturas sujeitas a falhas. Porém, a partir do momento em que fazemos repetidamente algo que nos traz graves consequências, isso deixa de ser um erro e se torna uma escolha.

8. O amor não é suficiente para manter um relacionamento

> "De repente da calma fez-se o vento
> Que dos olhos desfez a última chama
> E da paixão fez-se o pressentimento
> E do momento imóvel fez-se o drama."
>
> **VINICIUS DE MORAES** | Poeta, cantor e diplomata

Quando o fim de um namoro se aproxima, naqueles instantes derradeiros em que o casal ainda está junto, mas sabe que as coisas não andam bem, um chama o outro para conversar. É a hora daquele temível papo que os ajudará a decidir se vai ou racha.

Como em toda DR, chovem acusações e mal-entendidos. Um levanta a voz e o outro fica ofendido. Desesperado com o rumo que a conversa está tomando, um declara: "Mas eu te amo e sei que você me ama! Como é que a gente não consegue se acertar?".

Com um meio-sorriso triste, o outro responde, quase sussurrando: "Só amor não é suficiente".

Essas duras palavras, antítese de tudo em que os românticos acreditam, dão a entender que o relacionamento havia acabado de vez.

Se um relacionamento fosse uma casa, o amor seria a fundação, as vigas que mantêm a construção em pé. Mas toda residência precisa de paredes, telhado, assoalho e um monte de outras coisas para se tornar habitável.

Até uns anos atrás, a frase "Até que a morte os separe" fazia todo o sentido do mundo. Quando escolhia se unir, um casal se resignava a nunca mais procurar a felicidade em outro parceiro. Se uma viúva resolvesse se casar novamente, isso poderia causar um escândalo. Se uma mulher ousasse se divorciar, coitada. Tornava-se uma pária da sociedade quase que automaticamente.

> Apaixonar-se é a parte mais fácil. Difícil mesmo é arranjar motivos para ficar junto de alguém. Parte do processo de amadurecimento é entender que nem tudo é para sempre.

Antigamente, o casamento era todo um ritual fechado entre os homens da família. O noivo tinha que pedir a mão da moçoila diretamente para o pai dela. Isso sem contar os séculos em que o matrimônio era praticamente tratado como um acordo comercial no qual a esposa era negociada como se fosse uma mercadoria. Felizmente, o tempo passa e as coisas mudam.

Hoje, num modelo de sociedade mais justo e igualitário, ambas as partes precisam estar de comum acordo para continuarem juntas. A dificuldade em conciliar duas vidas se apresenta nas variáveis que envolvem um relacionamento.

Comecemos por questões simples. Será que os dois querem mesmo se casar ou apenas juntar as coisas e morar juntos? Em alguns casos, a resposta pode até não ser nenhuma das duas opções. Diversos casais se relacionam por anos a fio e, mesmo assim, moram em casas separadas.

Outro agravante: ambos os lados desejam filhos? Se um quiser e o outro não, vale a pena deixar essa vontade de lado em prol do relacionamento?

E se você tivesse juntado grana para viajar pelo mundo durante muito tempo e seu parceiro decidisse ficar aqui para investir na carreira em determinada empresa? Você abriria mão de seus sonhos em favor de outra pessoa?

Não basta só amor. Os planos de ambos precisam coincidir. Fora do campo das coisas práticas, outros elementos são tão necessários quanto o amor para fazer um relacionamento vingar.

Paciência, parceria, respeito, compreensão, amizade, tesão... Somos passíveis de amar muito outra pessoa e ainda assim manter com ela um relacionamento tóxico, no qual se perpetuam ciúme, abusos, traição ou falta de respeito.

Na boa, apaixonar-se é a parte mais fácil. Difícil mesmo é arranjar motivos para ficar junto de alguém. Parte do processo de amadurecimento é entender que nem tudo é para sempre. Viver se trata de escolher ou abdicar. Muitas vezes, certas histórias têm de ser encerradas no meio do caminho.

A pergunta é: do que você toparia abrir mão para continuar num relacionamento?

PARTE 2

A tênue linha entre o TRABALHO e a VIDA PESSOAL

9. Você não é especial (e isso é ótimo)

> "Eu não tenho nenhum talento especial. Sou apenas apaixonadamente curioso."
>
> ALBERT EINSTEIN | Físico

Ao contrário do que sua mãe dizia quando você era uma criancinha chorando pelos cantos da casa; ao contrário do que sua avó contava enquanto fazia bolinhos de chuva nos dias frios para você assistir à Sessão da Tarde; e ao contrário do que seu pai falava todas as noites antes de dormir, VOCÊ NÃO É ESPECIAL. E isso é ótimo.

Pode até ser especial no coração de seus familiares e amigos queridos. Porém, se pararmos para analisar, um dia todos nós morreremos e qualquer traço de nossa existência será apagado com as areias do tempo.

Examinando com frieza, tudo o que fazemos em vida pouco importa para o legado da civilização humana, que pelo jeito vai se estender por mais alguns milênios – caso não se exploda com uma bomba nuclear antes. Na real, somente a minoria da minoria da minoria conseguirá gravar seu nome na calçada da fama onde figuram personalidades como Júlio César, Napoleão Bonaparte ou Nicolau Copérnico. O que não quer dizer que uma pessoa comum não possa fazer coisas especiais.

Todos somos capazes de amar, de fazer viagens maravilhosas, de galgar uma posição de destaque em uma empresa. No entanto, o universo nada nos deve pelo simples fato de existirmos e tampouco nos dará nada de lambuja. Sim, esse pensamento niilista pode soar meio deprê, mas na verdade é libertador. Vamos aos fatos.

Cada vez mais criamos uma "redoma de proteção" ao nosso redor. Tudo começa na infância. As crianças que nasciam no século XX, na segunda Revolução Industrial, viviam em condições bem diferentes das de hoje. Muitas trabalhavam em fábricas, em situação deplorável. Qualquer noção de um Estatuto da Criança e do Adolescente era inteiramente inexistente. Ser criança era tão – ou até mais – arriscado quanto ser adulto.

Ao longo dos anos, a sociedade passou a compreender que a infância e a adolescência eram fases importantes para o desenvolvimento humano. Assim, o modo como tratamos nossos jovens foi se alterando, e sérias providências contra o trabalho infantil foram tomadas.

O direito de brincar, de aprender e de amadurecer são conceitos bem recentes, que acabaram por contribuir para o aumento de nossa qualidade e expectativa de vida. Contudo, após o fim da Segunda Guerra, uma preocupação desmedida em relação à criação das crianças aumentou mais e mais.

A fim de evitar que o mundo lá fora maltrate nossos filhos, criamos uma bolha de proteção ao redor deles. No afã de oferecer a eles o máximo que podemos, esperamos que os pequenos realizem grandes coisas na vida, e acabamos contaminando-os com nossas próprias aspirações.

Aos olhos de um pai coruja, quando o filho chuta uma bola para a frente, está dando claros sinais de que será o melhor jogador do mundo. Sua filhinha de cinco anos lendo antes de todos os amiguinhos da classe não pode ser outra coisa que não uma grande intelectual em miniatura. Desejamos o mundo para nossos herdeiros. E não é que não possam se desenvolver para conquistá-lo, mas muitas crianças crescem com a mais absoluta certeza de que seu potencial é superior ao de todas as outras. Certas de suas qualidades "especiais", esperam que o destino traga logo todos os prêmios e troféus que lhes foram prometidos, sem ao menos terem se posicionado nas marcas de largada. Não poderiam estar mais enganadas.

Podemos também dedicar um breve momento para falar da inaptidão de muitos pais em dizer um simples "não". É o velho sentimento de compensação: "Vou dar ao meu filho tudo aquilo que não pude ter". Assim, muitos jovens chegam

> No afã de oferecer a eles o máximo que podemos, esperamos que os pequenos realizem grandes coisas na vida, e acabamos contaminando-os com nossas próprias aspirações.

à vida adulta mimados, sem jamais ter tido qualquer pedido negado.

Somem-se a esse excesso de cuidado e zelo a chegada das redes sociais e a velocidade da internet. Cada vez mais queremos tudo para *agora*. O mundo inteiro está ao alcance de um clique, e esperar demora tempo demais.

Essa perigosa mistura resulta em criaturas frágeis, cheias de si e que se locomovem a 220 quilômetros por hora na vida. É aí que começam os problemas. Todos os anos, jovens saem de debaixo das asas de seus pais e se deparam com a dura realidade do mundo real.

Estes, que cresceram ouvindo papai e mamãe dizerem o quanto eram incríveis e que seriam os próximos Steve Jobs ou Mark Zuckerberg, chegam ao mercado cheios da energia e da arrogância inerentes aos jovens.

Essa força de vontade e necessidade de inovar não representam necessariamente algo ruim. Anseios como esses levaram o homem à lua, permitiram a descoberta da penicilina, o desenvolvimento da informática, entre outros avanços da humanidade nos últimos anos. O problema é que, ao ser criado e tratado como um pequeno floco de neve, dificilmente esse jovem estará pronto para lidar com o fracasso ou a rejeição. Faltam-lhe experiência, vivência e calos nas mãos para lidar com os percalços da vida com a calma e a tranquilidade necessárias. Sobra o sentimento de frustração.

> Nem sempre somos tão bonitos como imaginamos, nem tão geniais, nem tão talentosos. É daí que surge parte de nossas frustrações.

Imagine você, criado a vida toda como um potencial salvador da humanidade, tendo de lidar com um mercado de trabalho inflado e sem muitas oportunidades. Em vez de ser um mandachuva logo no primeiro emprego, iniciar a carreira como estagiário, muito longe de qualquer decisão corporativa relevante. Poucos têm paciência, virtude necessária para caminhar em vez de sair correndo.

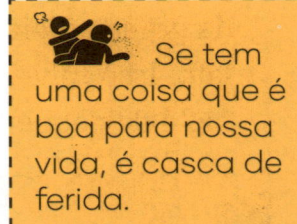

> Se tem uma coisa que é boa para nossa vida, é casca de ferida.

O simples fato de ser tratado como alguém especial não significa que isso corresponda à realidade. A maneira como nos vemos nem sempre é um reflexo fiel do que realmente somos. Nem sempre somos tão bonitos como imaginamos, nem tão geniais, nem tão talentosos. É daí que surge parte de nossas frustrações.

Imagine o choque de alguém que passou a vida inteira acreditando ser um grande talento tendo que aceitar que é, no máximo, um profissional mediano.

Se tem uma coisa que é boa para nossa vida, é casca de ferida. Quando um neném começa a dar os primeiros passos, cair é parte do processo de ficar em pé. É assim que compreendemos o que é equilíbrio. É assim que criamos uma metodologia. Como naquela anedota da mamãe passarinho que ensina seus bebês a voar atirando-os do ninho.

Essa condição quase tátil de aprender quebrando a cara faz com que a gente evolua aos poucos, que aprenda com a experiência, com os pequenos momentos de frustração.

Não se sentir especial é libertador. Permite que uma pessoa viva a vida com uma carga mais leve. Quando assumimos que não somos a salvação da humanidade encarnada, conseguimos lidar melhor com nossa existência.

Há pessoas que ficam estagnadas a vida toda, à espera da grande ideia revolucionária que as conduzirá ao estrelato. Isso talvez nunca aconteça. Talvez precisemos mesmo é de pequenas boas ideias que nos ajudem a pagar as contas e levar nossa vida.

> Quando assumimos que não somos a salvação da humanidade encarnada, conseguimos lidar melhor com nossa existência.

Existem bilhões de pessoas no mundo. Poucas delas deixarão um legado eterno, pode ter certeza. O que não nos impede de buscar um bom emprego ou de realizar nossos sonhos. Mas ficar ansioso por conta dessas expectativas surreais faz mais mal do que bem.

Melhor ser uma pessoa comum e ir vivendo de conquista em conquista do que um ser especial estático tentando lidar com o peso da própria excepcionalidade.

Seja menos especial e viva um pouco mais a vida.

10. É possível gostar de segunda-feira?

> "Felicidade é uma questão de atitude. Ou nos sentimos miseráveis ou buscamos a felicidade. A quantidade de trabalho é a mesma."
>
> CARLOS CASTANEDA | Escritor e antropólogo

O diar as segundas-feiras é apenas uma das muitas provas de que não sabemos lidar com as consequências das escolhas que fazemos ao longo da vida. Porém, antes de seguirmos com o assunto, vamos parar um segundo para falar de uma das maiores obras literárias da Renascença.

Na peça *Romeu e Julieta*, William Shakespeare narra a trágica história do casal homônimo. Filhos de famílias rivais, os dois se apaixonam à primeira vista. Em um momento de reflexão, ciente de que tal paixão os conduzirá a uma tragédia iminente, Julieta pergunta para seu amado se ela o amaria tanto se ele não fosse um Montecchio e ela uma Capuleto:

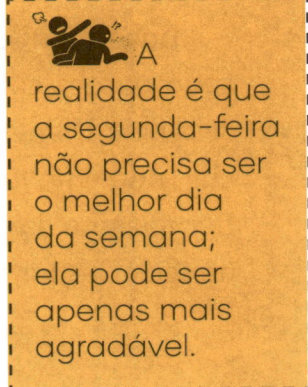

> A realidade é que a segunda-feira não precisa ser o melhor dia da semana; ela pode ser apenas mais agradável.

> [...] Que há num simples nome? O que chamamos rosa, sob uma outra designação, teria igual perfume. Assim Romeu, se não tivesse o nome de Romeu, conservaria a tão preciosa perfeição que dele é sem esse título.

Aproveitemos o momento de reflexão da jovem apaixonada para um questionamento: Odiamos a *segunda-feira* ou odiamos *o que ela significa*?

Uma segunda-feira por si só não é boa nem ruim. Ela apenas é. Essa é a natureza das coisas como são. Uma rosa é uma flor com espinhos, o Sol nascerá no leste todas as manhãs e uma segunda-feira não passa de uma marcação do calendário que usamos desde os tempos dos romanos. Odiar a segunda-feira é como odiar o Sol por ele nascer.

Agora, o fato de, toda segunda de manhã, ao pisar em seu ambiente de trabalho após dois dias de descanso, você ter de se deparar com a triste realidade de que *suas escolhas* o conduziram àquele lugar pelo qual não tem o menor carinho e que suga todas as suas energias boas, trocando-as por uma nuvem cinza de infelicidade, é de inteira responsabilidade sua e pode ser modificado. Ainda que você esteja convencido de que vai morrer de overdose de segunda-feira se não houver uma intervenção divina...

Imagine que sua vida é um rio. No começo desse rio, tudo parece calmo e divertido, tranquilo como um passeio pela Disneylândia. Durante a infância e a adolescência, tudo é novo e promissor: a magia do primeiro beijo, o nervosismo da primeira transa, a primeira viagem com os amigos... Todos momentos mágicos.

> Caso você não seja o sortudo herdeiro de uma família rica, provavelmente terá que continuar ralando para pagar suas contas, não tem jeito. Mas precisa mesmo ser nesse emprego que o está matando aos poucos?

Com a maioridade, chegam as responsabilidades. A necessidade de escolher uma carreira, comprar uma casa, constituir família... Então você se pega trabalhando oito horas por dia, cinco dias por semana, com muito pouco espaço para si mesmo. Isso sem contar o tempo gasto na locomoção para um emprego do qual não gosta, com pessoas de que não gosta, com a única finalidade de pagar os boletos que se multiplicam.

A correnteza do rio acelera e, quando você se dá conta, está cercado por uma paisagem desoladora. E o mais perto que consegue chegar do vislumbre de um campo florido é a aproximação do fim de semana. Daí você esquece a rotina do trabalho e se permite viver um pouco. Permite-se pequenos abusos, como sair para beber com os amigos, jantar num restaurante bacana ou até mesmo ficar de bobeira em casa fazendo absolutamente nada. Mas a segunda-feira teima em reaparecer, como uma catarata que tira sua paz e o arremessa de novo na parte ruim do rio.

Toda segunda-feira é um lembrete inconveniente de como a alegria do fim de semana é transitória e de que sua rotina diária é bem menos interessante do que aquilo que você faz aos sábados e domingos.

A realidade é que a segunda não precisa ser o melhor dia da semana; ela pode ser apenas mais agradável.

Faça a seguinte experiência: anote em uma folha de papel as coisas que mais o incomodam no seu dia a dia. Depois, numere-as em ordem crescente, da menos para a mais desagradável e avalie as situações sobre as quais você tem pleno domínio e aquelas sobre as quais seu controle é zero. *Trabalhar*, por exemplo. Caso você não seja o sortudo herdeiro de uma família rica, provavelmente terá que continuar ralando para pagar suas contas, não tem jeito. Mas precisa mesmo ser *nesse* emprego que o está matando aos poucos?

Você já tentou encontrar algum trabalho que odeie *menos*?

Temos a tendência de nos acomodar, mesmo em situações que nos fazem mal. É possível que, pela indicação de um ou outro amigo e uma busca rápida, você conseguisse um cargo numa empresa que lhe proporcionasse maior qualidade de vida.

Outro problema comum das segundas-feiras: trânsito. Será que você não consegue dar uma driblada no trânsito do dia a dia? Às vezes, negociando um horário de trabalho alternativo para chegar e sair mais tarde, dá pra fugir do horário de pico. Talvez seja possível também encaixar alguns dias de *home office* na sua rotina.

Sem chance de isso acontecer? As horas dentro do carro são mesmo inevitáveis? Que tal tentar criar um hábito bacana, como ouvir um audiolivro ou uma palestra de seu autor favorito no carro? Já que você vai "perder tempo" de um jeito ou de outro, que seja de uma maneira divertida!

Tenha em mente aquele famoso ditado que afirma que a única coisa irremediável é a morte. Contornando esses pequenos problemas da rotina, você garantirá maior qualidade de vida e, assim, quem sabe, as segundas-feiras não chegarão com o peso de uma bigorna. Porque uma coisa é garantida: que elas virão, ah, virão...

11. Trabalhar com o que você ama não vai fazê-lo feliz

"O trabalho liberta." (Frase escrita na entrada dos campos de concentração durante a Segunda Guerra Mundial)

Esse ideal de trabalhar com o que se ama é relativamente recente. Foi a partir do fim da Segunda Guerra Mundial que essa ideia passou a ser difundida para além da classe dos milionários ou herdeiros da coroa.

Por séculos, era comum que o ofício acompanhasse uma família. O ferreiro ensinava sua profissão ao filho, que por sua vez a transmitia aos herdeiros e assim por diante.

O bordão "Papai, quero ser jogador de futebol" não era tão comum, não apenas porque não havia futebol naquela época, mas sobretudo porque entre camponeses e trabalhadores não havia outra opção além de trabalhar com o que garantisse o pão de cada dia, lutando para não passar fome. Não à toa, as profissões inclusive compunham o nome das pessoas. Os lenhadores eram os Wood (madeira); os ferreiros eram os Blacksmith, e assim por diante. Você e sua ocupação eram praticamente indissociáveis.

É claro que voltar a esse modelo não é a melhor alternativa do mundo, porém, esse conceito de ser feliz com o que se trabalha gera uma busca que, não raro, pode ser fonte de grandes frustrações.

A primeira delas, bastante recente, advém dos empregos travestidos de *playgrounds* para adultos: contam com sala de recreação, videogame, geladeira com suquinho, cargos com denominações engraçadinhas como "ninja da *social media*". Fica bonito no Instagram, pega bem no LinkedIn, mas a realidade por trás disso é cruel e dolorosa. Muitos desses mimos existem apenas para compensar um salário ridículo, horas extras não pagas e patrões abusivos.

Trabalhe com o que ama por um salário ridículo e se torne para sempre um escravo corporativo. Enquanto seus chefes enriquecem e se divertem em suas viagens a Miami, você continua cortando tudo quanto é gasto para dar conta do aluguel no início do mês. Mas, ei, pelo menos toda última sexta-feira do mês a galera se reúne para comer um bolo e comemorar os aniversários. *Top!*

É tipo aquele papo de chamar de colaborador em vez de funcionário. Uma cortina de fumaça para que você convenientemente se esqueça de que precisa receber um salário digno para cumprir uma função numa empresa.

Outra frustração dá as caras quando se busca um emprego que traga plena satisfação para a alma. Uma profissão que, de tão perfeita, não pareça trabalho. Sabe aquela linda frase: "Escolha um trabalho que você ama e você nunca terá de trabalhar um dia sequer na vida"? Pois é. Mentiram para você.

Não importa a profissão, sempre existe algo chato. Sempre existe uma tarefa maçante que passa anos-luz de ser prazerosa. Por mais que amemos uma profissão, sempre vão existir obrigações desgastantes.

Se até mesmo atores e atrizes pornô, que trabalham com algo que fazemos por prazer, conseguem listar os contras de sua carreira, como é que um torneiro mecânico vai conseguir amar tanto seu trabalho a ponto de querer fazê-lo de graça?

Em uma palestra, o filósofo Mario Sergio Cortella afirmou que amava dar aulas, mas que odiava corrigir provas. Ter que ler várias redações com o mesmo tema era algo entediante para ele. Porém, como esse momento era uma condição para que ele pudesse fazer o que de verdade gostava, o sofrimento valia a pena.

> Sabe aquela linda frase: "Escolha um trabalho que você ama e você nunca terá de trabalhar um dia sequer na vida"? Pois é. Mentiram para você.

Por isso, anote: você nunca vai encontrar um emprego que não tenha pelo menos um aspecto que o desagrade.

Às vezes, mesmo um emprego "ruim" pode ser bom e valer a pena no fim das contas por proporcionar a grana de que você precisa para se sustentar, cuidar de sua família, comprar as coisas que quer e até viajar para todos os lugares que sempre quis conhecer.

Um bom e graúdo salário pode ser compensador.

É uma decisão difícil, mas você prefere trabalhar com o que ama e ver seu filho morrendo de fome ou proporcionar à sua família uma boa condição, ainda que o preço disso seja trabalhar em algo apenas suportável?

É claro que você não deve vender a alma para o capeta e se orgulhar disso, mas também não precisa se envergonhar por se manter num cargo apenas para ganhar bem. Nós muitas vezes confundimos emprego com ideologia, e esse discurso de que devemos trabalhar apenas com o que amamos pode deixar os que não rezam por essa cartilha se sentindo mercenários, vendidos ao sistema, só por não desejarem sacrificar sua segurança financeira para perseguir os sonhos de infância.

Repita na frente do espelho todos os dias antes de dormir: "Não existe nada de errado em ganhar dinheiro. Não existe nada de errado em ganhar dinheiro. Não existe nada de errado em ganhar dinheiro". É bom em algo? Cobre por isso. De preferência, muito. Valorize-se. Não deixe que um apego sentimental o faça sacrificar seu tempo por migalhas. De nada adianta ser feliz dentro do escritório e morar embaixo da ponte.

Não estamos dizendo que você deve se tornar um escravo, mas apenas que não glorifique o que não deve ser glorificado. Trabalhe com algo que ama ou apenas suporte, mas lembre-se de que no fim do dia é *você* quem volta sozinho para casa, tendo de lidar com uma pilha de boletos para pagar.

12. Talento versus trabalho duro: quem vence?

"O trabalho duro ganha do talento quando o talento não trabalha duro."

KEVIN DURANT | Jogador de basquetebol

Se existe algo de que o grande público gosta é da boa e velha polêmica. E poucas coisas geram mais polêmica do que uma rivalidade acirrada – dois adversários competindo entre si para ver quem é o melhor. E tem sido assim desde que o mundo é mundo.

Michelangelo e Leonardo da Vinci competiam para ver quem seria o maior pintor da Renascença; os escritores Ernest Hemingway e William Faulkner viviam trocando farpas; e Nikola Tesla e Thomas Edison disputaram durante anos para ver quem definiria como a humanidade iria usar a eletricidade. E olha que esses são exemplos de gênios que definiram o rumo da história. Imagine a treta que não rola entre os meros mortais... Alguns programas "jornalísticos" de conteúdo duvidoso são capazes de passar horas argumentando a fim de definir se o certo é bolacha ou biscoito. Conseguem chamar especialistas que defendem cada um dos lados e até mesmo mandar um repórter à rua para saber do povão qual lado é o certo.

E, se existe um bom celeiro para o nascimento de polêmicas, é o esporte. Como exemplo, podemos citar uma das maiores rivalidades do futebol contemporâneo, que envolve Cristiano Ronaldo, jogador da seleção de Portugal, e o argentino Lionel Messi.

O *hermano* foi reconhecido desde cedo como um talento nato. "Messi é mais um talento natural. Não é tão obcecado e comprometido com o trabalho", afirmou Gerard Piqué sobre o atleta. Já o *gajo* é reconhecido mundialmente por seu trabalho duro e empenho nos treinos.

> Para os talentosos, talvez a melhor atitude seja impedir que a confiança lhes suba à cabeça, desafiando-se sempre e "subindo a barra" aos poucos.

Quando mais novo, Cristiano tinha o hábito de fugir do dormitório à noite para que pudesse treinar mais e ficar mais forte. Não à toa, todo esse treino fez com que se tornasse o maior goleador da história do Real Madrid, time que já contou com grandes jogadores como Zidane e Ronaldo Fenômeno.

A disputa entre o argentino e o português é um claro exemplo dessa dicotomia entre talento e trabalho duro. O talento é considerado algo divino, um dom sobrenatural entregue por Deus para que você se destaque sem esforço algum. Mas é uma dádiva ludibriosa. É comum um jovem talentoso se perguntar: "Para que treinar ou estudar se eu já sei o que fazer?".

Infelizmente, não há como prever quando daremos de cara com alguém mais talentoso e mais bem preparado. E o talentoso, por vezes, se abstém de aprimorar suas técnicas por acreditar que vai conseguir se virar sozinho para sempre. Porém, nem todo talento é à prova de falhas.

A pessoa que trabalha duro, no entanto, já sabe de antemão que vai precisar correr atrás. Ela é mais ciente de suas limitações, e sua precariedade a impede de adotar uma postura acomodada ou preguiçosa. Seu esforço a mantém sempre pronta para o pior, já que sabe que em um vacilo pode custar muito caro.

O melhor dos mundos é quando o talento e o trabalho duro se combinam. Atletas como Michael Jordan e Ronaldo Fenômeno eram naturalmente talentosos, mas se esforçaram para ir além. Foi assim que se tornaram ícones em seus esportes.

Para os talentosos, talvez a melhor atitude seja impedir que a confiança lhes suba à cabeça, desafiando-se sempre e "subindo a barra" aos poucos. Dominar a técnica para, no dia em que o talento falhar, ter o mínimo necessário para poder manter-se de pé.

Os talentosos sempre carregarão nas costas o peso de usar seu dom ou jogar no lixo tal dádiva.

Mas quem merece atenção neste texto são aqueles que trabalham duro, para que entendam que todo esse esforço nem sempre será sinônimo de sucesso. Muitos dão a vida em empreitadas que não levam a lugar algum. Não há qualquer garantia para o sucesso. O que cabe é uma questão de escolha bem simples: contentar-se com o pouco que tem ou se esforçar para conseguir ir além. Encontrar algo de que gosta e se empenhar nisso. Procurar superar-se aos poucos e compreender que ficar parado no lugar não leva ninguém a lugar algum.

Se faltar talento, que sobre trabalho duro.

13. Três passos para qualquer coisa dar certo

> "Não pense por muito tempo, faça. Mas não faça por muito tempo, pense."
>
> CONFÚCIO | Pensador e filósofo chinês

Hoje melhor do que ontem, amanhã melhor do que hoje. Essa frase resume bem a filosofia Kaizen, criada no Japão pós-guerra. Após a Segunda Guerra Mundial, a terra do Sol Nascente estava destruída e precisava se reerguer.

Com a retirada do exército dos Aliados, na década de 1950, o governo japonês iniciou uma série de estudos de administração e gestão para tentar reerguer sua economia.

Combinando teorias administrativas propostas pelo engenheiro de minas francês Jules Henri Fayol e algumas das ideias do professor norte-americano William Edwards Deming, foi criado o sistema de aprimoramento constante, que serviu como chave do sucesso para grandes empresas japonesas como a Toyota.

O princípio dessa filosofia é de que não se passe um dia sem que haja algum tipo de melhoria. Os resultados do Kaizen visam melhorias qualitativas e quantitativas, no menor tempo possível, com um custo mínimo.

Em sua aplicação, a metodologia busca diagnosticar – e eliminar – desperdícios ao longo do processo produtivo. Da diretoria até o departamento de limpeza, todos devem aprimorar seu processo de trabalho. Não é à toa que os japoneses são conhecidos mundialmente por seu poder de organização e trabalho em equipe.

Foi com essa mentalidade que o Japão se reergueu de um país em ruínas após uma guerra implacável para uma das maiores potências mundiais. Se hoje nomes como Honda, Canon e Pikachu são familiares pra você, foi porque anos atrás os japoneses reconheceram uma crise, pararam e se organizaram.

Se funcionou para um país que havia sido derrotado e bombardeado com duas bombas atômicas, imagine o quão útil essa metodologia pode ser para você.

Não é necessário um método tão complexo como o Kaizen para aplicar à sua vida. Dá pra começar com três passos simples: estudar, planejar e executar.

• Estudar

Bem, o primeiro passo é tranquilo de explicar. Vamos supor que você deseje começar a investir no mercado de ações. Não é recomendável sair torrando loucamente seu dinheiro sem ao menos saber no que está se metendo.

Uma boa ideia é pesquisar. Ler livros, matérias de especialistas, fazer algum curso *on-line* sobre o tema. Não há limites para adquirir conhecimento.

Pesquise o que deu certo, o que deu errado e tente entender melhor o ramo em que pretende atuar. Isso vale tanto para o mercado de ações quanto para qualquer negócio em seu radar.

Essa etapa de estudos é quase sempre negligenciada ou subestimada por conta dessa ânsia que temos de sair fazendo as coisas, mas não seja precoce! É sempre bom dar aquela olhada para ver a profundidade da piscina em que queremos pular de cabeça.

- **Planejar**

O segundo momento, que também não é levado muito a sério, é o do planejamento. Estudar abre portas por demais. O planejamento serve para traçar qual o caminho mais adequado para você. De tudo o que pesquisou, do que gosta mais? Quanto dinheiro sua nova empreitada vai requisitar? De onde vai tirar esses recursos? Quais os planos a curto, médio e longo prazos?

Um pequeno adendo quanto às metas: seja generoso consigo mesmo. Na empolgação, tendemos a criar o cenário mais otimista possível em relação ao tempo, o que raramente condiz com a realidade. Dê tempo para as coisas acontecerem.

Vamos supor que você esteja planejando estudar para o vestibular. Ao fazer seu planejamento, você pode acreditar que quatro horas de estudo serão suficientes para dominar determinada matéria. Mas e se você empacar?

Se seu calendário estiver muito espremido, seus estudos podem se encavalar, e tópicos importantes podem acabar tendo que ser estudados às pressas. Por isso, pegue leve na hora de estabelecer suas metas.

• Executar

Vamos agora ao último – e mais difícil – passo: executar. Fora do papel, tudo é muito mais difícil e demorado. A motivação inicial uma hora se extingue, e as únicas coisas que podem mantê-lo no prumo são a disciplina e um bom planejamento.

Durante o terceiro passo, há espaço para reciclagem. Se tudo o que estiver fazendo não apresentar resultado, é hora de tentar encontrar o que deu errado e até mesmo revisar planejamento e estratégias.

Esses três passos são apenas uma ideia a se levar em conta. A real é que você precisa de planejamento. Fazer de qualquer jeito, qualquer idiota faz. Quantas pessoas não largam tudo para investir todo o dinheiro que possuem em negócios da moda – paleterias, iogurtes naturais ou *food trucks*?

E, veja bem, nem mesmo grandes empresas são imunes ao fracasso.

Durante as décadas de 1980 e 1990, a rede Blockbuster, por exemplo, construiu um verdadeiro império de videolocadoras ao redor do mundo. Quando se falava em alugar uma fita VHS ou um DVD, era impossível não recordar da marca azul e amarela.

Em seus tempos áureos, a rede chegou a ter mais de 9 mil lojas só nos Estados Unidos, com um rendimento de 6 bilhões de dólares em seu auge. Em 1989, uma nova Blockbuster era inaugurada em algum lugar do mundo a cada dezessete horas.

Mesmo com tanto sucesso, a falta de visão e de planejamento fizeram com que a companhia não enxergasse a revolução do *streaming*, e à Blockbuster restou assistir à ascensão de uma pequena concorrente, a Netflix, que futuramente se tornaria uma gigante do entretenimento, oferecendo filmes e séries *on-line*. Em 2013, depois de um longo e doloroso declínio, a empresa declarou falência e começou a fechar suas lojas.

Se uma grande empresa estabelecida pode quebrar caso não se mantenha aberta a novas possibilidades, imagine você e seu pequeno negócio! A vida pode até parecer mais divertida se levada como uma peça improvisada, mas, quando tudo der errado, você vai se arrepender de não ter ensaiado um pouquinho mais.

> A real é que você precisa de planejamento. Fazer de qualquer jeito, qualquer idiota faz. Quantas pessoas não largam tudo para investir todo o dinheiro que possuem em negócios da moda – paleterias, iogurtes naturais ou *food trucks*?

14. O que atrasos dizem sobre você

> "As pessoas comuns pensam apenas sobre como passar o tempo. Uma pessoa inteligente tenta usar o tempo."
>
> ARTHUR SCHOPENHAUER | Filósofo alemão

Atrasos custam caro. Não, não estamos falando só do risco à sua credibilidade ou da paciência alheia desgastada quando você marca um compromisso às 13h00 e chega às 13h35. Estamos falando de dinheiro mesmo.

De acordo com um estudo realizado pela empresa de consultorias Proudfoot, CEOs de empresas norte-americanas chegam atrasados em 80% de suas reuniões. Somados, tais atrasos representam um prejuízo de até 3 bilhões de dólares para a economia norte-americana. Dinheiro de pinga, não é?

Os resultados dessa pesquisa são a maior prova de que tempo é dinheiro. Mais do que isso, tempo desperdiçado à toa é vida jogada no lixo.

Imagine que você tenha marcado de se encontrar com uma pessoa para uma reunião num café às 15h00. Saiu de

> Da próxima vez que você se atrasar, não culpe o mundo ao seu redor. Culpe a si mesmo.

casa, pegou a condução até o local, deixou de lado outras tarefas e, quando chega a hora do encontro, ela se atrasa. Cada minuto esperando é um minuto que você poderia estar dedicando a coisas muito melhores em sua vida, como brincar com os filhos, curtir com a família ou mesmo descansar. Mas não... Todos esses preciosos momentos da vida são postos de lado enquanto se espera o atrasado fazer o favor de chegar para o seu compromisso.

Atrasos constantes escancaram três coisas: falta de organização, falta de respeito e, talvez, falta de caráter.

A percepção de tempo é completamente diferente para pessoas pontuais e para aqueles que nunca chegam na hora. Os atrasados fazem planos impossíveis de serem concretizados, crentes de que vão chegar a tempo. Saem de casa no último minuto; acham que o ônibus vai passar no momento exato em que chegarem ao ponto; acreditam que o trânsito vai estar milagrosamente tranquilo. Os pontuais, por sua vez, se previnem contra infortúnios previsíveis, a fim de chegar no horário desejado.

É quase como se o atrasado dissesse: "Meu tempo vale mais do que o seu. Então, fica aí me esperando enquanto eu faço outras coisas da minha vida".

Ainda que não queira, o atrasado passa uma impressão de arrogância, demonstrando falta de respeito e empatia com o outro, que deixa de viver para ficar ali plantado esperando.

Claro, estamos aqui nos referindo apenas a seres humanos comuns que só não sabem se planejar. Não estamos levando em consideração seres desprezíveis que têm plena ciência de não estarem cumprindo com o horário prometido e mesmo assim não se importam em deixar uma pessoa esperando à toa.

O ser humano é capaz de coisas desprezíveis, mas fica difícil acreditar que alguém possa ser tão ruim a ponto de se atrasar de propósito, só para ferrar com a vida do outro.

Façamos um exercício de imaginação. Certo dia você recebe uma ligação e descobre ser o feliz ganhador de uma promoção – não aquelas armadilhas pra tirar seu dinheiro, mas uma promoção daquelas boas mesmo. Como prêmio, você receberá 1 milhão de dólares em dinheiro. Porém, com a condição de resgatar a quantia em determinado endereço até às 18h00.

> Atrasos constantes escancaram três coisas: falta de organização, falta de respeito e, talvez, falta de caráter. É quase como se o atrasado dissesse: "Meu tempo vale mais do que o seu. Então, fica aí me esperando enquanto eu faço outras coisas da minha vida".

São poucas as pessoas que não chegariam a tempo. Elas atravessariam todos os faróis vermelhos da cidade, pedalariam e, caso não tivessem carro, poderiam até nadar no mais poluído dos rios para conseguir chegar no horário e pegar a bolada. Boa parte chegaria horas antes do horário estipulado, só para garantir. Por que isso? É uma questão de *prioridade*.

Quando uma pessoa quer, ela chega a tempo. A não ser por um revés muito grande do destino, ela faz de tudo para não se atrasar, ainda que tenha de empurrar um carro sem gasolina por alguns quilômetros estrada acima. Se ela quiser, ela chega.

Então, da próxima vez que você se atrasar, não culpe o mundo ao seu redor. Culpe a si mesmo.

Mora longe ou o trânsito na sua cidade é ruim? Saia mais cedo. O ônibus sempre atrasa? Planeje-se para compensar o atraso. Dica: não marque vários compromissos consecutivos. É sempre possível que um encontro dure mais tempo e prejudique os demais.

Organize-se e deixe sua pontualidade falar por você. E, sobretudo, não desperdice o tempo dos outros à toa. Afinal, o tempo é valioso.

15. Fodam-se a motivação e a inspiração

> "Ação sempre gera inspiração. Inspiração raramente gera ação."
>
> FRANK TIBOLT | Escritor

Mentiram pra você sobre a inspiração e a motivação. De pouco ou nada elas servem. Seja para o processo criativo, como pintar um quadro ou escrever um livro, seja para tirar qualquer projeto do papel, como abrir um negócio próprio ou tomar vergonha na cara e começar a frequentar a academia.

Segundo o escritor e roteirista norte-americano Steven Pressfield:

> [...] existe um segredo que escritores sabem que quem quer começar a carreira não sabe. A parte difícil não é escrever. Difícil é se sentar para começar a escrever.

Essa lição pode ser aplicada a todos os aspectos da vida. Fique esperando a motivação chegar, e você nunca realizará nada. Sente a bunda na cadeira e comece a produzir algo, por pior que seja, e talvez um dia você chegue a algum lugar. De fato, colocar-se em movimento é difícil. A inércia sempre parece mais forte.

Muitos se iludem dizendo que a tal da motivação nunca vem. Mentem para si mesmos responsabilizando o trabalho, a vida pessoal, a família... Contudo, o que muitas vezes nos impede de pôr nossos planos em ação é a falta de iniciativa de simplesmente *fazer*. Sem amarras, sem julgamentos. *Apenas faça*, como aconselha o célebre slogan *Just do it*, da Nike.

Por medo de não conseguir corresponder às próprias expectativas, a gente trava. Na nossa cabeça, todos somos muito mais espertos do que as palavras que colocamos no papel. Melhores do que o pífio desempenho que demonstramos ao arriscar um esporte novo. Porém, quando colocamos em prática esses projetos, é inevitável lidar com os vergonhosos primeiros passos.

Um aluno de dança com certeza errará os passos com muito mais frequência do que um dançarino experiente, que não só conhece a música, mas também tem plena noção do que fazer. E isso é algo mais do que normal. Mesmo assim, muitos alunos desapontados desistem logo nas primeiras aulas. O medo de passar vergonha sentencia à morte projetos que ainda nem nasceram.

Em um bate-papo informal, George R. R. Martin, autor de *Game of Thrones* e mundialmente conhecido por sua demora em finalizar seus livros, perguntou a Stephen King, autor de diversas obras-primas do terror como *It – A coisa* e *O iluminado*, qual era o segredo para que ele conseguisse escrever tantos livros. A resposta de King foi simples: "Eu trabalho todos os dias, de três a quatro horas. Tento escrever pelo menos seis páginas diariamente". A boa e velha disciplina.

> Motivação é a arte de sentar a bunda na cadeira e continuar no processo, por mais que ele esteja longe da perfeição.

Quando você fica dependente de motivação para fazer algo, doutrina seu cérebro a acreditar que determinada tarefa só pode ser realizada em certo estado de espírito. Se não alcançar tal estado, não conseguirá ser produtivo.

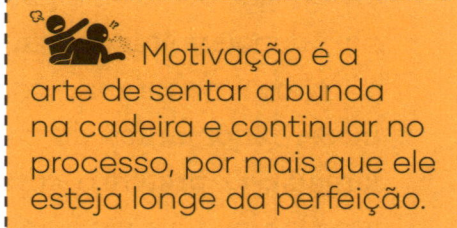

Imagine se jornalistas só conseguissem escrever em dias bons. Ou se jogadores de futebol só entrassem em campo quando estivessem cem por cento felizes. Ou se policiais só comparecessem ao trabalho se estivessem em plena paz de espírito.

O ato de apenas fazer algo suprime os sentimentos e estados emocionais da equação. É mais fácil ser produtivo quando não se está sujeito a variações de humor. Não que o resultado vá ser espetacular logo de cara. Um pintor que espera criar sua obra-prima na primeira tentativa precisa equilibrar suas expectativas.

Pergunte a qualquer artista como ele vê hoje sua primeira obra e quanto aprendeu ao longo do caminho. Pergunte a um escritor se a primeira redação que ele fez na escola é sua maior obra. Por que diabos, então, nos cobramos a perfeição antes de sequer dar o primeiro passo?

Motivação é a arte de sentar a bunda na cadeira e continuar no processo, por mais que ele esteja longe da perfeição. É a arte de rascunhar e rascunhar e rascunhar, até chegar perto de algo bacana. E depois voltar a rascunhar.

Uma maratona começa meses, anos antes do tiro de largada. O pretenso corredor acorda um dia e vai caminhar. Do caminhar, aos poucos surge o trote. Com o tempo, os trotes se tornam mais longos e viram uma corrida leve. Um quilômetro, dois, cinco. Aí vem a primeira prova de rua. A segunda, a terceira. Provas de 5 quilômetros tornam-se provas de 10, de 21 quilômetros, e só aí vem a maratona. Depois de muito tempo de trabalho.

Disciplina é a constância que permite que o trote evolua para a caminhada. É a arte de lidar com as bolhas nos pés. É aquele primeiro passo hesitante que o corredor dá para fora da cama quando tem de treinar num dia de chuva.

Há, sim, aqueles dias em que somos acometidos por um entusiasmo diferente: motivação, inspiração ou qualquer nome que se dê àquela energia mágica que torna maior nosso rendimento. Que faz o trabalho sair perfeito. Sem erros. Isso é ótimo, mas não dá para depender dos acasos do destino.

É a disciplina que vai manter a máquina rodando nos outros 364 dias do ano em que você não estiver inspirado.

> Disciplina é a constância que permite que o trote evolua para a caminhada. É a arte de lidar com as bolhas nos pés. É aquele primeiro passo hesitante que o corredor dá para fora da cama quando tem de treinar num dia de chuva.

16. O sucesso profissional é superestimado

> "O sucesso é uma consequência, e não um objetivo."
>
> GUSTAVE FLAUBERT | Escritor francês

Não, você não leu o título errado. Este não é um texto com alguma pegadinha ou *plot twist*. O sucesso profissional é superestimado.

É óbvio que a maior parte das pessoas quer se dar bem na vida. E que uma parcela delas faria qualquer coisa para desvendar os truques e os segredos para alcançar o sucesso da maneira mais rápida possível.

Foi por causa desses anseios que surgiu a indústria do empreendedorismo de palco, criada com o único intuito de oferecer fórmulas mágicas para que você atinja o ápice de sua carreira em pouco tempo.

Basta dar uma passada de olhos pelas prateleiras das livrarias para constatar como se proliferam obras de autores (e seus *cases* de sucesso para lá de duvidosos) com dicas e teorias mirabolantes para você decolar de vez no emprego ou fazer seu negócio próprio prosperar.

Ser um *workaholic*, um viciado em trabalho, acabou se tornando uma "virtude" profissional bastante apreciada por parte das empresas. Repare nos olhares de "Tá com a vida ganha?" destinados àqueles que saem do escritório pontualmente às 18h00. Além disso, as empresas têm cada vez mais pressionado seus profissionais para que apresentem um desempenho acima da média. Como consequência, eles não hesitam em ficar até mais tarde, acumular bancos de horas e trabalhar aos fins de semana. Tudo isso somado à enorme concorrência do mercado de trabalho.

Cria-se assim uma inequação, vive-se para o trabalho acima de tudo. Mas será que isso traz de fato algum tipo de satisfação pessoal?

Jeff Kindler, CEO da farmacêutica Pfizer, renunciou ao cargo por conta do estresse, que passou a afetar sua relação com a família. Apesar de ter dado duro para chegar ao topo de uma das companhias mais conhecidas do planeta, para ele, a família estava acima do sucesso profissional. E, mesmo que Jeff soubesse disso antes mesmo de entrar na empresa, precisou de quatro anos na Pfizer para descobrir na prática que não teria êxito em conciliar os dois âmbitos.

Alguns podem até falar que isso é óbvio, que qualquer pessoa sabe disso. Não, caro gafanhoto! Pode ser algo claro para *você*. Pode até ser a escolha de muita gente sem hesitar, mas não necessariamente a de todos.

Marissa Mayer é um bom exemplo disso. Ex-CEO da Yahoo!, já foi considerada uma das mulheres mais poderosas do mundo. Pouco tempo depois de dar à luz, Marissa optou por abrir mão de sua licença-maternidade e voltar ao batente quando o bebê tinha apenas duas semanas de vida. Três anos mais tarde, grávida de gêmeos, repetiu o ato com toda a convicção. Mesmo após sair da Yahoo!, em 2017, jamais esboçou qualquer remorso ou arrependimento por ter priorizado a vida profissional.

Esses são apenas dois casos de pessoas que, conscientemente, fizeram suas escolhas. O problema não está aí, mas em outra grande parte da população que se mantém num estado de inércia e sequer pensa sobre os rumos que sua vida está tomando.

O blogueiro Ron Ashkenas, parceiro da consultoria de gerenciamento norte-americana Schaffer Consulting e autor dos livros *The GE Work-Out*, *The Boundaryless Organization* e *Simply Effective*, realizou sua pesquisa de doutorado comparando o sucesso na vida familiar com o sucesso na vida profissional. Para isso, contou com a ajuda voluntária de alguns professores de Medicina.

O estudo revelou que os profissionais de carreiras mais bem-sucedidas, que contavam com pesquisa extensiva, prêmios e bens, eram aqueles que mais tinham se divorciado e se afastado dos filhos.

O problema é que esses profissionais (ou boa parte deles) não fizeram a escolha de substituir o convívio familiar pela carreira de maneira consciente. Isso foi consequência de pequenas trocas: ficar estudando em casa e deixar de ir à festa do filho na escola; terminar o relatório e não chegar a tempo de jantar com a família; participar de um projeto especial (ganhando méritos e bônus por isso) e adiar mais uma vez férias decentes e a prometida viagem ao lado da mulher e dos filhos.

Tais escolhas se acumularam e resultaram em sucesso na carreira ao custo do fracasso na vida familiar. É como se essas pessoas assumissem a posição de motoristas na esfera profissional, conduzindo o carro e, ao mesmo tempo, a posição de passageiros na esfera familiar, simplesmente deixando a vida conduzi-las, sem qualquer controle sobre ela.

> Antes de pensar em sucesso profissional é preciso ponderar algo extremamente importante: quais são as suas prioridades? Não para o curto ou médio prazo, mas para 10, 15, 20 anos à frente.

Para que isso não ocorra, antes de pensar em sucesso profissional é preciso ponderar algo extremamente importante: quais são as suas prioridades? Não para o curto ou médio prazo, mas para 10, 15, 20 anos à frente.

Quero ter alguém ao meu lado? Pretendo ter um relacionamento longo? Quero ter filhos? Quantos? Como quero criá-los? Qual o nível de convivência que pretendo ter com eles? O quanto quero me dedicar ao trabalho durante os dias? Qual é meu grande objetivo final?

Uma resposta sincera a essas perguntas pode ajudar a direcionar o foco para nossos reais objetivos e como devemos proceder para alcançá-los.

O que não significa que isso seja algo imutável e sem adaptações. Vamos acabar redirecionando a rota muitas vezes, oportunidades vão surgir e nos afastar daquilo a que nos propusemos lá atrás. Sem crise. Esse exame pode e deve ser repetido periodicamente. O que importa é que suas decisões sejam tomadas com discernimento, que não sejam uma mera reação automática à determinada situação.

A pesquisa de doutorado de Ron Ashkenas, que citamos anteriormente, selecionou três perguntas-chaves para fazer escolhas de forma mais consciente:

- Qual o equilíbrio que desejo entre vida profissional e pessoal?

- Se tivesse que escolher honestamente, qual aspecto seria o mais importante?

- Quais meus objetivos nessas esferas? Como fazer para que sejam satisfatoriamente conquistados?

Pois é, não são questões fáceis. No entanto, podem evitar um monte de problemas (e arrependimentos) futuros. Ao refletir sob essa perspectiva, é possível até que você passe a considerar como "bem-sucedida" uma carreira com certos benefícios e regalias, e não necessariamente o cargo de CEO de uma multinacional.

Uma pesquisa recente do site de empregos Glassdoor descobriu que 57% dos usuários da plataforma levam muito em conta benefícios e vantagens antes de aceitar um trabalho, sendo essas suas principais reivindicações. Quatro em cada cinco trabalhadores afirmam preferir novos benefícios a um aumento de salário.

A Netflix é um exemplo desse tipo de empresa, que oferece um ano de licença-maternidade e licença-paternidade. A companhia também permite que, após a licença, os pais possam trabalhar menos horas do que a jornada estipulada para o ano seguinte.

Outro bom exemplo é a Airbnb, que oferece aos funcionários uma verba anual de 8 mil reais para que viajem e se hospedem em alguma residência listada na plataforma.

Por fim, é preciso entender que a expressão "ter sucesso" nunca denotou algo simples, pois seu sentido é totalmente subjetivo. O que é sucesso para você pode não ser para seu vizinho. Tornar-se presidente de uma empresa pode não ser algo tão valioso para uma pessoa que quer apenas estar perto do filho enquanto ele cresce. Isso sem contar que, além de pessoal, o conceito de sucesso é mutável, na medida em que toma um significado diferente em cada momento e em cada ciclo de nossa vida.

Assim, é muito importante, antes de qualquer escolha, alinhar princípios e valores nas concepções particulares sobre o que é ser bem-sucedido.

Todo profissional sonha em ter êxito na carreira, mas muitos se perdem ou desistem antes mesmo de buscar esse reconhecimento, pois não têm clareza do que o sucesso significa nem sabem o que é necessário para alcançá-lo, apegando-se a fórmulas alheias.

O primeiro passo para o sucesso profissional é esclarecer para si mesmo o que diabos você quer para sua vida como um todo.

> É muito importante, antes de qualquer escolha, alinhar princípios e valores nas concepções particulares sobre o que é ser bem-sucedido.

17. E se eu for um fracasso?

> "A coisa mais vergonhosa do fracasso é descobrir que você não é um gênio. Que você não é tão bom quanto achou que fosse."
>
> MILTON GLASER | Designer gráfico

Em 1965 – muito antes de os defensores dos animais conseguirem uma série de conquistas em prol dos bichinhos –, um cientista chamado Martin Seligman passou a fazer experimentos nos quais aplicava leves choques em cachorros ao toque de um sino.

Após uma sequência de descargas elétricas, as pobres criaturas reagiam com dor antes mesmo do ativamento da corrente elétrica.

No segundo estágio do experimento, os mesmos animais foram colocados em uma caixa com uma pequena cerca. Um dos lados – aquele em que o cachorro estava –, tinha o chão eletrificado; o outro, não. Os cientistas esperavam que, ao soar o sino, o cachorro condicionado aos choques pulasse a cerca em busca de segurança, porém não foi isso o que aconteceu.

Em vez de buscarem abrigo, os cães simplesmente se deitavam e aceitavam seu "destino". No entanto, os que não haviam recebido choques anteriormente pulavam para o outro lado diante da possibilidade de fuga.

Este simples – e cruel – experimento com animais diz mais sobre a gente do que podemos imaginar.

Quando somos crianças, somos dotados de criatividade e espontaneidade únicas. Coloque uma folha em branco e um giz de cera na mão de uma criança e peça a ela que faça um desenho. Você verá as formas mais loucas e singulares ganharem vida no papel. Por não terem sido "contaminadas" pelo mundo exterior, as crianças expressam as coisas como *gostariam* que fossem, diferentemente dos adultos, que tendem a ser mais pragmáticos. No mundo infantil cavalos têm seis pernas, vacas têm oito chifres, homens lançam raios laser pelos olhos... Tudo é possível. Coloque a mesma folha em branco e giz de cera na mão de um adulto e peça que ele desenhe. Ele primeiro vai perguntar o que você deseja que ele faça. Ou apenas se negará a fazê-lo, pois "não sabe desenhar".

> Quando estiver diante de um desafio, que tal trocar o "E se eu fracassar" por "O que o fracasso pode fazer por mim?".

Antes mesmo de tentar, o adulto tende a negar o desafio por conta de uma série de gatilhos mentais de autopreservação, os quais ele foi criando ao longo da vida. O gatilho que o impede de passar vergonha, o que o impede de se expor na frente de estranhos e aquele que tenta protegê-lo do fracasso. O sistema que o *protege* é o mesmo que o *impede* de fazer coisas novas ou até mesmo de seguir em frente com seus projetos.

Paradoxalmente, um idiota que não faz a menor ideia do que está fazendo pode ter mais chances de sucesso do que alguém com plena ciência dos caminhos que deve percorrer. A fim de manter uma boa imagem de nós mesmos, nosso inconsciente pode nos paralisar diante de uma tarefa, antes mesmo de falharmos. Um exemplo: "Ah, eu teria sido um grande jogador de futebol se não tivesse largado a escolinha quando tinha dez anos e tivesse treinado mais. Provavelmente estaria entre os melhores".

Criamos realidades hipotéticas nas quais teríamos sido bem-sucedidos apenas para manter as aparências e não ter que encarar que aquela ousada empreitada talvez resultasse num fracasso retumbante.

Na próxima vez em que você se sentar para papear com amigos ou familiares, repare na quantidade de conversas sobre realidades hipotéticas que vem à tona. Preferimos praguejar sobre o que poderíamos ter sido em vez de aceitar o que somos realmente. Somos muito bons em jogar contra nosso próprio sucesso.

Existe uma alternativa para esse processo. Quando estiver diante de um desafio, que tal trocar o "E se eu fracassar" por "O que o fracasso pode fazer por mim?".

Se você começar a fazer aulas de violão e não sair solando como o Slash, do Guns n' Roses, nada vai mudar na sua vida. O professor sabe muito bem que você precisa primeiro aprender os acordes básicos antes de mandar um solo impecável de "November Rain". Logo, o fracasso não vai matá-lo, mas pode ensinar valiosas lições. Ao entender o que você está fazendo de errado, o professor irá orientá-lo até a música sair perfeita.

Um vestibulando que faz um simulado e percebe que foi mal em determinada matéria tem aí um diagnóstico sobre como direcionar seus estudos. Um jogador que em seus treinos não tem demonstrado um aproveitamento satisfatório em finalizações pode focar em treinar chutes a gol ou assumir que é hora de mudar de posição em campo. Talvez armar jogadas como um meio-campo, volante, ou quem sabe ficar na zaga mesmo.

Quando você passa a compreender o valor do fracasso, o processo muda. Em vez de dor e vergonha, você passa a tirar dele uma lição.

Precisamos parar de entender fracassos como pontos-finais e passar a encará-los como etapas do conhecimento.

É claro que a falência de um negócio ou uma demissão podem soar como gigantes pontos-finais em nossa vida. No entanto, será que não podemos nos prevenir de chegar a tal extremo?

Um grande fracasso raramente acontece do nada. Se nos acostumássemos a enxergar e a aprender com as pequenas falhas ao longo do caminho, não poderíamos evitar grandes sofrimentos?

Lidar com o fracasso é, sobretudo, uma lição de humildade. Posso aprender algo com um erro? Como tirar uma lição de uma situação ruim e seguir adiante? O fracasso me fará aprender a pular para o outro lado ou ficar deitado esperando o próximo choque?

18. A (des) inteligência emocional

> "O que te detém não é quem você é, mas quem você acha que não é capaz de ser."
>
> JEAN-MICHEL BASQUIAT | Artista plástico

Momento 1: final da Eurocopa de 2016. A seleção de Portugal disputava o título contra a França, favorita daquele ano, que jogava em casa. Cristiano Ronaldo era o principal nome da equipe e sua maior esperança para a conquista do título.

Aos 24 minutos de jogo, após a dura entrada de um jogador francês, o camisa 7 de Portugal sofreu uma lesão. Até tentou continuar na partida, mas não aguentou e abandonou o campo de maca, aos prantos.

Porém, a dor e a frustração não desmotivaram o craque lusitano. Após o jogo terminar empatado em 0 a 0 no tempo normal, Cristiano Ronaldo voltou ao gramado com a intenção de incentivar seus companheiros. Quando a bola voltou a rolar na prorrogação, o capitão ficou ao lado do técnico português, ajudando na orientação aos atletas e torcendo.

Quando Éder acertou o chute de fora da área e marcou 1 a 0, o craque do Real Madrid comemorou como se o gol fosse dele. A consagração veio no apito final: Cristiano Ronaldo abraçou os amigos e chorou de novo, mas desta vez para celebrar o título inédito.

Momento 2: Thiago Silva era o capitão da seleção brasileira na Copa do Mundo de 2014. Ao longo de todo o campeonato ele deu indícios de que não estava confortável com a responsabilidade de liderar o Brasil no maior torneio de futebol do mundo, ainda mais em casa. Mas o momento mais crítico se deu no jogo entre Brasil e Chile, nas oitavas de final.

Depois de um empate no tempo normal e na prorrogação, Thiago pediu ao técnico Felipão para que fosse o último da lista dos pênaltis, pois não se sentia confiante o bastante. Além disso, o atleta até se afastou da roda de jogadores, isolando-se no canto e deixando a cargo do volante reserva Paulinho o papel de líder do time na motivação para as cobranças.

Depois da classificação por 3 a 2 nas penalidades, Thiago Silva chorou descontroladamente à beira do gramado e acabou consolado pela comissão técnica.

Já faz tempo que o quociente de inteligência (QI) deixou de ser a única medida para avaliar as capacidades de um indivíduo. Os dois fatos futebolísticos citados anteriormente são bons exemplos de como a inteligência emocional

(IE) tem ganhado relevância e pode afetar drasticamente a tomada de decisões, influenciando nossas ações.

Mas antes de qualquer coisa, vamos primeiro compreender o termo. Segundo *A Dictionary of Psychology*, de Andrew Colman, inteligência emocional é "a capacidade do indivíduo de reconhecer as emoções das outras pessoas e as suas próprias emoções, identificar sentimentos diferentes e usar essas informações para orientar seu pensamento e seu comportamento". É, portanto, a habilidade de perceber, entender e regular emoções a fim de conhecer-se a si mesmo e interagir com as outras pessoas da melhor maneira. É um modo de lidar com as pressões diárias que, se não forem trabalhadas adequadamente, podem culminar em estresse ou em outras doenças de cunho emocional.

> O fato de você ter uma inteligência de Einstein não é garantia de que você se dará bem na vida.

Esse conceito é relativamente novo. Foi apresentado pela primeira vez em 1990 pelos psicólogos John Mayer e Peter Salovey. Tornou-se popular, porém, a partir de 1995, em decorrência do trabalho do jornalista científico Daniel Goleman, o "pai da inteligência emocional", que se empenhou em explicar a importância do controle das emoções.

A inteligência emocional era a peça que faltava para montar um quebra-cabeça com um dilema peculiar: pessoas com QI mediano apresentavam melhor desempenho do que aquelas com QIs superiores em 70% das vezes. Ou seja, o fato de você ter uma inteligência de Einstein não é garantia de que você se dará bem na vida.

Fazendo uma comparação popular, a IE seria a "sabedoria de rua", enquanto o QI significaria a "sabedoria dos livros".

Um indivíduo emocionalmente inteligente tem mais facilidade para descrever, reconhecer e avaliar os próprios sentimentos, bem como os dos outros. A IE também proporciona resistência e resiliência, possibilitando melhor controle dos impulsos, mesmo diante de frustrações, desilusões, reprovações ou fracassos.

Diferente do QI, que tem o fator genético implícito, a inteligência emocional não é um atributo fechado da personalidade; é antes uma aptidão que pode ser desenvolvida por qualquer pessoa e levar a uma mudança de comportamento na vida pessoal, social e profissional.

A primeira habilidade que você precisa trabalhar a fim de obter inteligência emocional é a consciência de si mesmo. Conhecendo mais intimamente suas emoções, conseguirá usá-las a seu favor. Além disso, é uma boa maneira de saber seus limites, explorando com autoconfiança seus pontos fortes e melhorando os fracos.

> Faça uma análise de suas atitudes, principalmente em momentos críticos. Com o tempo, você será capaz de perceber quando suas emoções estiverem a ponto de entrar em desequilíbrio, tendo tempo de controlá-las.

Você é uma pessoa que estoura fácil com qualquer um e por motivos irrelevantes? Veja bem, você pode – e deve – demonstrar suas emoções, mas, quando elas fogem do controle, a impulsividade entra em cena e as decisões tendem a não serem as melhores.

Não resolva nada de cabeça quente. Toda vez que tiver de tomar uma decisão difícil, a dica é usar a técnica de respiração dos Seals, a elite militar dos Estados Unidos, para manter o controle emocional. Ela consiste em inspirar por 4 segundos, expirar por 4 segundos e repetir o processo por 4 minutos. Esse exercício de respiração simples (também usado na ioga) "desliga" seus hormônios de estresse e prepara o corpo para o relaxamento.

Outro ponto importante é saber fazer a gestão de si mesmo. Basicamente, é trabalhar seu autocontrole emocional, a capacidade de adaptação e a orientação para os resultados. Isso é essencial para manter o controle e não se desesperar frente a situações adversas, mantendo o foco no que acredita e a certeza de que as coisas podem tomar o rumo certo com o devido empenho. Quem tem essa competência não reage por impulso e consegue lidar com mudanças com maior facilidade.

Faça uma análise de suas atitudes, principalmente em momentos críticos ou quando for tomado por emoções negativas como medo, raiva, ansiedade e tristeza. Com o tempo, você será capaz de perceber quando suas emoções estiverem a ponto de entrar em desequilíbrio, tendo tempo de controlá-las.

Tentar olhar para o outro também é importante para o desenvolvimento de uma boa inteligência emocional. Essa consciência social proporciona a aptidão de "ler" o estado emocional do outro ou de um grupo e suas relações de poder. Se tiver a empatia necessária para tal, será capaz de prever situações de conflito e antecipar efeitos negativos.

Basta se colocar no lugar do outro, afinal, nem tudo é sobre você. Em muitos casos, situações de conflito se agravam por mera falta de empatia. Então, analise as circunstâncias que induzem determinada pessoa a tomar certas atitudes.

É importante também conservar empatia consigo mesmo, a fim de compreender e aceitar seus erros. Se você não for capaz de se perdoar, não vai conseguir aprimorar sua inteligência emocional, pois ela deve, antes de tudo, começar em você.

Por fim, é preciso ter a qualidade de inspirar atitudes desejáveis em outras pessoas. Quem dispõe dessa habilidade gerencia relacionamentos com facilidade, desenvolve seus liderados, oferece *feedbacks* construtivos, motiva pessoas e resolve mal-entendidos.

Há também hábitos simples que você pode incorporar na sua rotina, como "desacelerar" e prestar mais atenção às necessidades dos outros. Você pode, por exemplo, sair um pouco do seu caminho para dar carona a um amigo, fazer parte de um projeto social do seu bairro ou mesmo auxiliar no projeto de um colega de empresa.

É muito comum estarmos tão ocupados e estressados, tentando fazer mil coisas de uma só vez, que simplesmente não temos tempo para perceber os outros, quanto menos ajudá-los.

Entretanto, é imprescindível salientar que, apesar de a inteligência emocional influenciar na relação com as pessoas e ser capaz de motivar equipes (sendo tão ou mais importante que as habilidades cognitivas como a memória ou o talento para a resolução de problemas), ela está longe de ser o único caminho para o sucesso.

Segundo o TED Talk de Daniel Goleman,[1] que citamos anteriormente, pesquisadores concluíram que o quociente intelectual é responsável por algo entre 10 e 20% do sucesso profissional. Isso significa que os outros 80% são influenciados por fatores diversos como o tipo de formação, o apoio da família e até mesmo a sorte. A inteligência emocional entra nesse bolo também, mas apenas como mais um elemento do grupo.

Se a IE fosse realmente a fórmula mágica, habilidades como esforço e conhecimento técnico não teriam seu valor. E casos de sucesso de pessoas de temperamento difícil como Steve Jobs, Bill Gates, Larry Page, Mark Zuckerberg e Elon Musk sequer existiriam.

Como você pôde notar, a inteligência emocional está ao alcance de qualquer indivíduo que a busque com afinco. Enquanto você treina seu cérebro com esses novos comportamentos emocionalmente inteligentes, sua mente constrói o caminho necessário para fazer deles um hábito. E, enquanto sua mente reforça o uso de novos comportamentos, as conexões que davam suporte aos comportamentos velhos e destrutivos morrerão.

> Se você não for capaz de se perdoar, não vai conseguir aprimorar sua inteligência emocional, pois ela deve, antes de tudo, começar em você.

---

1 Link para o vídeo: https://www.ted.com/talks/daniel_goleman_on_compassion?language=pt-br.

19. A procrastinação e você

> "Cada hora de tempo perdido na mocidade é uma possibilidade a menos nos sucessos do futuro."
>
> NAPOLEÃO BONAPARTE | Líder político francês

Procrastinar é um hábito que acompanha o ser humano desde o início dos tempos. Para o homem das cavernas, fazer planos de longo prazo tinha menos importância do que saciar as necessidades básicas e instantâneas de sobrevivência.

Agir com base em fatos do presente era muito mais importante do que se planejar para o futuro. Foi assim que o homem desenvolveu e aprimorou o instinto de reagir a estímulos imediatos – como fugir do ataque de um animal feroz e construir armas de defesa –, mudando o foco de sua atenção.

Por causa dessa situação surgiu a grande raiz do adiamento: a pessoa perde a concentração naquilo que está fazendo para se preocupar com uma perturbação momentânea. Nesse caso, o urgente supera o importante.

A vida contemporânea estruturou-se de modo a aceitar melhor as metas de longo prazo. As pessoas já não precisam mais caçar o próprio alimento (podem, no entanto, se digladiar para aproveitar aquela promoção-relâmpago no supermercado). Não somos mais nômades e, por isso, não precisamos ficar nos deslocando para fugir de predadores, intempéries climáticas ou coisas do tipo.

Mesmo assim, ainda que tenhamos uma vida incomparavelmente mais confortável do que as de nossos antepassados, certas tendências impulsivas ainda estão presentes na maioria dos indivíduos. Com toda a interatividade e conectividade das quais dispomos atualmente, situações, espaços, aparelhos e pessoas acabam drenando nossa atenção e desviando nosso foco de planejamentos e projetos.

O pesquisador e psicólogo Tim Pychlyl, da Universidade de Carleton, no Canadá, estuda esse fenômeno há mais de vinte anos e revela que, para ele, a procrastinação é um dos maiores problemas educacionais na atualidade.

Precisamos assumir: todos procrastinamos de vez em quando. Às vezes, são coisas muito simples como adiar a arrumação do armário ou a limpeza do quarto. Em outros momentos, são coisas mais críticas e que exigem mais tempo e comprometimento, com maior risco de falha, como atualizar o currículo, procurar um novo emprego, enfrentar uma situação incômoda, correr atrás de uma realização a médio prazo.

O grande problema é quando esse eterno adiamento em fazer aquilo que é necessário acaba prejudicando a carreira, o trabalho ou os relacionamentos.

Se você tiver consciência das coisas que adiou nos últimos tempos, certamente seu cérebro está neste exato momento elaborando todo tipo de desculpa engenhosa para justificar que o *agora*, o *hoje*, não é o momento ideal para tirar um plano do papel.

Estou muito velho. Estou muito jovem. Muito arriscado. Muito cedo. Muito tarde. E por aí vai. Ocasionalmente, alguns desses motivos até são válidos. Mas o mais provável é que sejam simplesmente uma conveniente desculpa para não encarar o trabalho real e evitar o desconforto emocional comum que as mudanças que realmente importam causam em nossa vida.

O grande responsável por isso é o medo. Essa sensação instintiva tem a função de nos proteger da dor (seja ela física ou emocional) e nos afastar de tudo o que pode ser uma ameaça, ferir nosso orgulho ou confundir nosso mundo.

Caso deixemos que o medo tome conta da gente, ele pode nos levar a acreditar na falácia de que, se procrastinarmos por tempo suficiente, nossa situação melhorará e os problemas e desconfortos deixarão de existir, evaporando por mágica. É quase como uma pessoa que vê um incêndio começar na sala e, em vez de correr em busca de um balde d'água, senta-se no sofá e espera que o fogo suma por milagre.

Quando nos convencemos de que "um dia" estaremos prontos para fazer determinada mudança ou que "um dia" o tempo será mais favorável e os problemas serão resolvidos, somos tomados por uma sensação momentânea de conforto.

Segundo o psicólogo Piers Steel, da Universidade de Calgary, no Canadá, autor do livro *A equação de deixar para depois*, o procrastinador até tem a intenção sincera de cumprir com suas tarefas, mas por algum motivo não consegue. Isso leva os adiadores a mergulhar numa eterna sensação de culpa, tensão, estresse e ansiedade, com a autoestima lá embaixo por falhar em se programar direito para fazer as coisas com antecedência, como imagina que os outros estejam fazendo.

"De longe, os principais motivos pelos quais adiamos as coisas são falta de confiança, achar a tarefa chata ou pouco prazerosa e a distração provocada pela impulsividade", afirma Piers. Isso pode se dar tanto com atividades que a pessoa considere pouco atrativas como com coisas que ela realmente goste de fazer.

Procrastinação é tomar a decisão de não fazer algo, mesmo sabendo que no longo prazo isso será pior. E erra quem pensa que se trate de uma simples questão de gestão de tempo. É sobre hábitos antigos e a dificuldade de controlar emoções e impulsos que, por consequência, acabam afetando nosso tempo.

> Só pelo fato de escrever, você cria a necessidade de concluir a escrita. Além disso, ao colocar as coisas no papel ou no aplicativo, você ordena suas prioridades, tendo mais clareza sobre o que é mais urgente.

Não sabe por onde começar? Comece estabelecendo metas claras e listas das tarefas que precisam ser feitas. Provavelmente, você vai perceber que o que se propõe a fazer demanda muito mais tempo do que o disponível.

Só pelo fato de escrever, você cria a necessidade de concluir a escrita. Além disso, ao colocar as coisas no papel ou no aplicativo, você ordena suas prioridades, tendo mais clareza sobre o que é mais urgente.

Uma das razões de adiarmos nossas obrigações é que geralmente nos propomos metas ambiciosas e vagas. Cabe "quebrá-las" em tarefas mais simples ou factíveis. Por exemplo, em vez de estabelecer como meta "escrever um livro", é mais construtivo pensar primeiro em "escrever um parágrafo". Assim, é possível visualizar os projetos ganhando vida aos poucos, o que gera motivação para a realização das etapas seguintes.

Entenda também quais são os melhores momentos do dia para cumprir suas tarefas. Às vezes, você acumula um monte de atividades para fazer pela manhã, mas funciona melhor no período da tarde.

Quando tiver clareza sobre seus horários de maior rendimento, deixe as tarefas mais difíceis ou complexas para esse momento. Aquelas mais fáceis ou agradáveis podem ficar para os momentos de menor disposição. Entre duas atividades mais trabalhosas, intercale alguma mais leve, a fim de não cansar demais o corpo e o cérebro.

Para não se distrair durante as atividades, utilize alguma metodologia de gestão de tempo. Um método famoso é o Pomodoro, que consiste em executar uma atividade

> **Não se cobre tanto.** Quanto mais o fizer, mais estará se punindo e empurrando com a barriga as responsabilidades para amanhã.

pelo período de 25 minutos, dando um intervalo de 5 minutos antes de prosseguir e iniciar mais um ciclo. Enquanto durar o pomodoro, você deve se comprometer a realizar a atividade com o maior foco possível, ganhando a pausa como recompensa.

Independentemente do trabalho ou da atividade a ser desenvolvida, procure sempre se recompensar com pequenos mimos: aquela pausa para assistir à TV, uma saída, um papo com os amigos. Tudo isso ajuda a deixar o período de tarefa menos maçante e mais efetivo.

Em uma experiência com o intuito de compreender e combater a procrastinação, conduzida pela Universidade de Buckingham, na Inglaterra, apresentaram-se retratos eletronicamente envelhecidos a um grupo de voluntários. Após o experimento, muitos passaram a reservar mais dinheiro para a aposentadoria, pois criaram um laço mais forte com seu "eu futuro". Tenha empatia pelo seu EU do futuro.

Levando isso em conta, quando precisar entregar um trabalho às nove da manhã, imagine a si mesmo na angústia de finalizá-lo no desespero durante a madrugada anterior à entrega. Isso pode ajudá-lo a cumprir suas obrigações de maneira mais racional e organizada.

Quando procrastina, você sobrecarrega a si próprio, só que em um tempo que ainda vai chegar. Você quer mesmo causar esse sofrimento desnecessário a si mesmo?

Que tal equilibrar a diversão com as obrigações *neste momento* e tornar sua convivência com o futuro muito mais harmônica?

Por fim, não se cobre tanto. Quanto mais o fizer, mais estará se punindo e empurrando com a barriga as responsabilidades para amanhã.

Melhorar em qualquer âmbito da vida não é uma tarefa fácil. Mas, se souber lidar melhor com seus vacilos, poderá alterar maus hábitos.

20. Como lidar com a sobrecarga (antes de pirar)

> "A maior arma contra o estresse é nossa habilidade de escolher um pensamento em vez de outro."
>
> WILLIAM JAMES | Filósofo e psicólogo americano

Conheça o Gerson. O Gerson é gerente de um escritório comercial. A empresa dele vai de vento em popa e ele é um dos grandes responsáveis por isso, já que controla com mão de ferro todas as áreas e todos os projetos que chegam lá há dez anos.

Em decorrência de seu perfil centralizador, que faz questão de ficar de olho em tudo o que acontece, ele acaba sendo sempre o primeiro a chegar ao escritório e o último a sair. Sua jornada diária varia entre 16 e 18 horas, não raramente incluindo fins de semana. Mesmo quando não está presente fisicamente no trabalho, o Gerson não desgruda os olhos do celular, respondendo prontamente a e-mails e chamadas até quando ocorrem em seu horário de descanso.

Essa dedicação desmedida já manifesta algumas consequências negativas. Gerson abandonou por completo sua família e sua vida pessoal. Chegou a passar mal no trabalho por falta de descanso, dorme sempre pouco e mal, apresenta lapsos de memória e uma constante variação de humor.

Gerson padece de uma doença que é a evolução de um dos males mais comuns que acometem a sociedade moderna: o estresse. Seus sintomas se originam no sofrimento psicológico ou na tensão decorrentes das atividades cotidianas, nas esferas pessoal e profissional. Sua manifestação é a grande marca dos tempos atuais.

No longo prazo, o estresse no trabalho pode levar a um mal maior: o *burnout*, a síndrome do esgotamento, como vimos brevemente no capítulo 4 ("A sutil arte de dizer 'não'"). O *burnout* designa o esgotamento físico ou mental provocado pela sobrecarga de trabalho. O termo foi cunhado na década de 1970 pelo psicólogo norte-americano Herbert Freudenberger, que desejava descrever as consequências do estresse intenso e de altas expectativas nas profissões que zelam pela vida.

Médicos e enfermeiras, por exemplo, que dedicam suas vidas para salvar a do próximo, acabam muitas vezes "queimados", apresentando esgotamento e apatia.

Com o tempo, o termo passou a englobar as mais diversas profissões, reforçando o lado obscuro do autossacrifício. Qualquer pessoa pode ser afetada por esse mal: ricos, pobres, celebridades estressadas, empregados sobrecarregados, donas de casa.

Curiosamente, não existe uma definição exata do que realmente seja o *burnout*, o que torna ainda mais difícil seu diagnóstico. O que se sabe é que na mente daqueles que sofrem desse transtorno os problemas parecem insuperáveis, tudo é muito sombrio e é difícil reunir energia suficiente para se cuidar. É como se a pessoa estivesse completamente bloqueada, agindo de modo automático e passivo.

Esse mal tem o poder de afetar o trabalho, os relacionamentos e, principalmente, a saúde.

Para exemplificar, é como se corpo e mente tentassem te dar um recado: "Não dá mais!". O que se sente é um cansaço devastador e uma falta absoluta de energia. O funcionário outrora competente e atencioso agora entra no modo "piloto automático".

No lugar de motivação, irritação, falta de concentração, desânimo, sensação de fracasso.

Por mais que pareça uma doença simples, o esgotamento provocado pelo estresse no trabalho é uma questão extremamente preocupante. Tanto que, só nos Estados Unidos, há uma estimativa de que se gastem de 125 a 190 bilhões de dólares em saúde pública anualmente para tratar indivíduos acometidos por esse esgotamento.

No Brasil, 30% dos profissionais apresentam esse grau máximo de "pane no sistema", conforme pesquisa da filial nacional da International Stress Management Association (Isma), que avaliou mil pessoas de 20 a 60 anos entre 2013 e 2014. Segundo a psicóloga Ana Maria Rossi, presidente da organização no país, 96% dos atingidos sentem-se incapacitados, o que provoca absenteísmo[2] e presenteísmo.[3] O sujeito pode até ser o primeiro a chegar e o último a sair do trabalho, mas seu rendimento não é proporcional ao tempo que ele passa ali.

Podemos listar três sintomas de quem sofre de *burnout*:

- **Exaustão:** Uma sensação de alerta vermelho, como se o corpo estivesse "na reserva", dispondo de poucos recursos físicos e emocionais. O indivíduo apresenta fraqueza, dores musculares, distúrbios do sono, imunidade baixa, diminuição da libido, impaciência, depressão, memória alterada e raciocínio lento;

- **Distanciamento afetivo:** O indivíduo torna-se paulatinamente frio com seus companheiros de trabalho, uma figura ranzinza e negativista;

- **Déficit de produtividade:** Aliado a um baixo grau de satisfação pessoal. O indivíduo produz pouco e acha que o que faz não tem valor.

A evolução do esgotamento acontece progressivamente. É como colocar um sapo na água quente e ir aumentando a temperatura aos poucos. Como o pobre bicho não percebe a variação, seu corpo se adapta e não reage, até finalmente explodir.

---

2 Ausência do trabalho para a realização de exames médicos e licença médica.

3 O termo designa a situação de estar presente em seu posto de trabalho, mas com a mente distante, desatenta.

Entre as causas do *burnout* podemos destacar o perfeccionismo, que leva a uma busca por uma excelência muitas vezes impossível, e o idealismo em relação à carreira, que demanda um engajamento que excede os limites.

Uma revisão de estudos feita pela equipe da psiquiatra Telma Trigo, do Instituto de Psiquiatria da Faculdade de Medicina da Universidade de São Paulo, em 2007, aponta ainda competitividade, impaciência, necessidade exagerada de controlar as situações, dificuldade de lidar com frustrações, de delegar tarefas e de trabalhar em grupo.

Os *fatores profissionais* que funcionam como gatilho são: demandas excessivas que ultrapassam a capacidade de realização, baixo nível de autonomia e de participação nas decisões, falta de apoio das chefias, sentimento de injustiça, impossibilidade de promoção, conflitos com colegas e isolamento.

> A evolução do esgotamento acontece progressivamente. É como colocar um sapo na água quente e ir aumentando a temperatura aos poucos. Como o pobre bicho não percebe a variação, seu corpo se adapta e não reage, até finalmente explodir.

O *fator social* comum é a sensação que a pessoa tem de que é preciso contrariar os próprios valores para se dar bem na carreira.

Um profissional precisa delegar responsabilidades, gerenciar o tempo de forma eficiente, planejar o trabalho e atingir um equilíbrio entre vida e carreira. Portanto: Pare de procrastinar! O tempo é o bem mais precioso do qual dispomos. Então, saiba gerenciá-lo, de modo a evitar a sobrecarga de trabalho.

Não deixe de reservar um tempo para o ócio criativo e para seu merecido descanso.

Busque o equilíbrio entre trabalho e vida pessoal! É inevitável que em alguns momentos a corda puxe mais para um dos lados, mas quando você se esforça para equilibrar os pratos na balança de maneira racional, consegue ser mais produtivo e evita estresse excessivo. Além disso, é sempre bom ter um *hobby*. Atividades físicas, por exemplo, são ótimas para relaxar a mente e mantê-la saudável para que ela renda o máximo nos momentos necessários.

Organize suas tarefas! Coloque as atividades em "caixinhas", de acordo com a prioridade de cada uma. Da maior para a menor, das tarefas diárias às eventuais. Reserve horários do seu dia para atividades como ler e responder a e-mails. Assim, você não desperdiça o tempo e consegue remanejar atividades sem se sobrecarregar. Estabeleça limites! Você não pode ser um funcionário 24 horas por dia, 7 dias por semana. Determine um tempo em que você vai se desligar do trabalho para se dedicar à vida pessoal, e isso inclui não responder a e-mails, não fazer projetos nem atender a chamadas. Informe os outros sobre esses limites e se policie também, a fim de respeitar os deles.

Agora, se mesmo aplicando essas mudanças seu trabalho ainda o deixa irritado e não o satisfaz, melhor mesmo é encontrar outro emprego ou mesmo outra área de atuação. Naturalmente, não é uma solução prática.

> Pare de procrastinar! O tempo é o bem mais precioso do qual dispomos. Então, saiba gerenciá-lo, de modo a evitar a sobrecarga de trabalho.

Na maioria dos casos, só o fato de ter um trabalho que possibilite pagar as contas já é o suficiente.

Seja qual for a sua situação, porém, considere sempre que há atitudes que podem melhorar nosso ambiente profissional e contribuir para uma vida mais saudável.

21. Estresse: como transformá-lo em seu aliado

"A raiva é um ladrão que rouba os bons momentos."

JOAN LUNDEN | Jornalista e apresentadora de TV

No princípio, não havia seres humanos, mas já havia estresse. Esse mecanismo fisiológico surgiu há bilhões de anos, com os primeiros organismos unicelulares. Até aquele momento, era uma resposta fisiológica a uma mudança física externa.

Bastava alguma oscilação ambiental – temperatura da água, pressão, presença de qualquer toxina –, e o organismo trabalhava acionando determinadas proteínas a fim de manter o equilíbrio interno até a situação se normalizar.

Centenas de milhões de anos depois, conforme as formas de vida foram se tornando mais complexas, com caçadores e predadores no encalço de suas potenciais presas, o estresse passou a funcionar como uma resposta hormonal a alguns tipos de ameaça. Mas foi somente quando começamos a sentir *medo* que esse mecanismo passou a nos perturbar. Como resposta aos perigos, os organismos passaram a acionar uma série de reações que alterava o funcionamento de todo o corpo.

A principal diferença entre o homem e os outros animais é que, enquanto os bichos só se estressam se de fato se depararem com um perigo iminente (como um rato que sente o gato se aproximar), os seres humanos são capazes de tomar por real uma situação imaginária, acionando diversos recursos de defesa do organismo.

Vamos deixar claro que, em excesso, qualquer reflexo que sobrecarregue o organismo é prejudicial, principalmente ao sistema cardíaco. E o estresse tende a causar esse desequilíbrio. Contudo, por conta da exagerada propagação de informações que geralmente frisam apenas seu aspecto negativo, o estresse acabou se tornando um vilão a ser temido e combatido, um sinônimo para qualquer dificuldade da vida.

Nos últimos trinta anos, os mais significativos estudos apontaram que o estresse é uma das principais ameaças para a saúde nos Estados Unidos (segundo a Organização Mundial da Saúde); que até 90% das visitas ao médico são devidas a questões relacionadas a esse "mal" (segundo o American Stress Institute); e que ele está diretamente ligado às seis principais causas de morte (segundo a American Psychological Association).

Aqui no Brasil, a companhia de consultoria em seguros Willis Towers Watson realizou um estudo sobre saúde e produtividade, tomando como base 56 empresas. O resultado apontou que o estresse representa o principal risco à saúde dos empregados e à produtividade das organizações.

Façamos neste momento um exercício simples de pensamento: Como você se sentiu depois de ler sobre esses resultados alarmantes? Ora, se não estava estressado, é provável que agora esteja. Quando apresentadas com essa conotação negativa, essas pesquisas fazem com que você crie gatilhos do tipo "Fuja para as montanhas" ao menor sinal de estresse, tentando ao máximo controlar o incontrolável. Uma vez exposto a tais dados, é fácil encontrar ainda mais razões para se sentir angustiado, sabendo que a *bad* de hoje pode levá-lo ao caixão amanhã.

Percebe como focar apenas no impacto negativo do estresse só piora as coisas?

Nossa intenção aqui é levantar outra discussão. Se essa é uma reação natural e inevitável, que tal parar de fugir dela e usá-la a seu favor?

Por mais estranho que possa parecer, o estresse tem sim seus aspectos positivos. Ainda nos anos 1950, pesquisas da área dividiram as reações fisiológicas ante a potenciais ameaças em duas fases: o *eustress* e o *distress*. A primeira é a parte positiva, que representa a energia extra produzida pelo corpo como resposta. A segunda é a negativa, já que representa uma sobrecarga que debilita o corpo.

Se muito frequente, intensa e duradoura, a descarga extra de energia leva o organismo a exaustão. Isso ocorre em situações extremas.

A parte interessante nisso tudo é que, em doses razoáveis, o estresse pode funcionar como um anabolizante natural.

> Um pouco de estresse não faz mal a ninguém, só depende de como encaramos a situação.

Quando estamos sob tensão ficamos mais fortes, mais resistentes à dor, mais concentrados, mais inteligentes e até mais sociáveis. É só lembrar-se de situações como a entrega daquele projeto importante na empresa ou a apresentação de um trabalho na faculdade. Dedicamos tempo, atenção e energia com muito mais intensidade. É o estresse que estimula seu corpo a se preparar da melhor forma possível.

Quando precisamos tomar uma decisão importante, como aceitar uma proposta de emprego, a faculdade a cursar ou o melhor caminho a seguir na carreira, um pouco de ansiedade cai bem. Nos ajuda a ter discernimento, aguça nossa intuição e nos ajuda na resolução dos problemas.

Nos instantes em que estamos tomados pelo nervosismo, nossa memória tende a se aprimorar, conforme aponta um estudo da Universidade da Califórnia, que concluiu que esses momentos de ansiedade e tensão estimulam o surgimento de células que facilitam a absorção de conhecimento.

Quando frequentemente acomodados em situações seguras, de calmaria, tendemos a nos abrigar em zonas de conforto. O estresse ajuda a encarar mudanças, enxergar novas oportunidades e perspectivas. Sob tensão, podemos exercitar a criatividade e ser mais ousados.

Ao enfrentar o estresse acumulamos experiências e passamos a compreender como o corpo e a mente reagem diante de situações adversas. Isso resulta em corpo e mente mais resistentes, lidamos melhor com os percalços e ficamos mais dispostos a arriscar sem nos intimidar tanto.

Por fim, quando liberado em quantidades moderadas, o hormônio cortisol aumenta a barreira de proteção do corpo, reforçando o sistema imunológico. Ao mesmo tempo, doses restritas de estresse ajudam a adquirir hábitos saudáveis – como praticar exercícios físicos –, como uma resposta automática do corpo para lidar com momentos de ansiedade.

Em resumo, um pouco de estresse não faz mal a ninguém, só depende de como encaramos a situação. Reações negativas como descargas de medo, ansiedade e nervosismo são consequência do lado oposto disso.

Para demonstrar isso, a psicóloga Alia Crum, da Universidade Stanford, convidou um grupo de pessoas para uma suposta entrevista de emprego.

Ao longo do experimento, os entrevistadores deveriam criticar os voluntários a qualquer custo; ninguém saiu de lá sem ao menos um comentário negativo. Algumas cobaias, no entanto, haviam assistido a um vídeo informativo sobre os *benefícios* do estresse. Outras, haviam sido expostas a uma mensagem oposta, que o caracterizava como um temível vilão.

Ao fim da desgastante entrevista, não teve jeito: todos apresentavam claros sinais de que estavam estressados. Os membros do primeiro grupo, contudo, tiveram um desempenho melhor devido ao fato de terem visto uma mensagem positiva sobre a situação ruim, fazendo seu cérebro aprender e memorizar mais coisas naquele instante.

De acordo com o estudo de Crum, quem faz essa mudança de pensamento se sente mais satisfeito com a própria vida, sofre menos de depressão e relata menos problemas de saúde ao longo dos anos. Aprender a lidar com o estresse é muito melhor do que ignorá-lo ou tentar fugir dele.

Uma coisa é certa: reclamar não ajuda em nada. Quando o estresse aparece, muitos enxergam apenas duas opções: bater de frente ou fugir. Mas existe uma terceira via: sendo ele inevitável, um companheiro para o resto da vida, por que não aprender a conviver com ele e utilizá-lo em seu próprio benefício?

22. Desista (vai ser melhor pra você)

> "Mesmo quando tudo parece desabar, cabe a mim decidir entre rir ou chorar, ir ou ficar, desistir ou lutar."
>
> CORA CORALINA | Poetisa e cronista)

Cinco minutos em qualquer rede social são o suficiente para que você se depare com lindas frases como:

"Nossa maior fraqueza está em desistir.
O caminho mais certo para vencer é tentar mais uma vez"
Thomas Edison

"Não desista! Sofra agora e viva o resto de sua vida como um campeão!"
Muhammad Ali

"Se for para desistir, desista de ser fraco"
Will Smith.
Albert Einstein.
Clarice Lispector... (bem... alguém do tipo)

Há nas redes centenas de páginas e perfis com a missão de motivá-lo a seguir em frente, geralmente com uma frase de efeito. Este texto, no entanto, tem apenas um objetivo: convencê-lo a desistir.

Desista. Ou pelo menos identifique o momento de desistir. E qual é? A resposta para essa pergunta, bem como para outras na vida, é: *depende*. Para explicar, vamos parar um minuto e refletir sobre paletas mexicanas – que de mexicanas não têm muita coisa.

Durante alguns anos, esse tipo de sorvete foi o queridinho em muitas cidades brasileiras. Com recheios diversos como leite condensado, brigadeiro ou creme de avelã, as paletas caíram no gosto popular. Não era difícil você encontrar uma paleteria – ou meia dúzia delas – em bairros movimentados das capitais.

O que os consumidores não sabiam é que esse tipo de sorvete foi, na verdade, uma invenção *brasileira*. A paleta mexicana raiz – a original do México – é na verdade um picolé bem simples e barato, feito de suco de frutas ou de leite. Os sabores mais populares na terra do Chaves e do Chapolin são arroz com leite e tamarindo. Além disso, elas não levam nenhum tipo de recheio.

> Passamos tempo demais falando sobre como é importante acreditar nos nossos sonhos e continuar seguindo em frente, mas nos esquecemos de dizer que você precisa pensar no que está fazendo também. Um burro que caminha cegamente em direção a um furacão não tem mais mérito do que um cavalo que corre para o lado oposto ao desastre.

Tal qual o *sushi* feito de queijo e goiabada, no Brasil a iguaria foi incrementada e *gourmetizada*, tornando-se completamente diferente do conceito que a originou. Porém, a moda foi apenas mais uma entre tantas. Não demorou muito tempo para que as lojas franqueadas, espalhadas pelas mais diversas cidades, se provassem não lucrativas e começassem a fechar as portas.

Agora, imagine o dono de uma das cinco paleterias do bairro percebendo seus lucros diminuindo cada vez mais e vendo os concorrentes fechando seus estabelecimentos um após o outro. Assinale a medida que você acha que ele deveria tomar:

- [ ] Encerrar seu negócio antes de ser tarde demais e todas as contas estarem no vermelho;
- [ ] Teimar até o fim, só pra ver no que vai dar.

Por incrível que pareça, muitos empreendedores escolheriam a segunda opção. Ela é conhecida como "falácia do custo irreparável" e acontece o tempo todo: nos casamentos, na escolha da faculdade e nos negócios.

"Já coloquei tanto dinheiro e energia nisso, não vale a pena largar agora". Eis o raciocínio que justifica seguir dirigindo por uma estrada esburacada rumo ao abismo. Quantos casais que se odeiam insistem em seus casamentos desgastados porque acreditam ser tarde demais para se separar depois de tanto tempo juntos?

Vai parecer loucura, mas lá vai: o fracasso, nesses casos, não está em desistir, mas sim em continuar. Tomar uma decisão racional significa deixar de lado qualquer custo acumulado e se proteger de futuros gastos ou perdas desnecessárias. Por isso, desista. Vai ser melhor pra você.

Passamos tempo demais falando sobre como é importante acreditar nos nossos sonhos e continuar seguindo em frente apesar dos contratempos, mas nos esquecemos de dizer que você precisa pensar no que está fazendo também. Um burro que caminha cegamente em direção a um furacão não tem mais mérito do que um cavalo que corre para o lado oposto ao desastre.

Resiliência é a capacidade de seguir em frente apesar das adversidades. Inteligência é a capacidade de pensar e ver que aquele caminho, cheio de espinhos, não vai levar a lugar algum.

Não há nada de errado em desistir para se preservar. Um relacionamento que já se tornou tóxico e que se mantém à custa de brigas só serve para torturar ambas as partes. O que vale mais? Miséria compartilhada ou felicidade individual? Paz solitária ou inferno a dois?

Assinale a opção que lhe parecer mais acertada: Se um aluno de Direito descobre no segundo ano de faculdade que aquilo não é a praia dele, o melhor a fazer é:

- ☐ Pular fora do curso e procurar algo de que realmente goste;
- ☐ Continuar na faculdade, se formar, passar no exame da OAB, trabalhar num escritório e ter uma vida miserável e, aos oitenta anos, no seu leito de morte, olhar para trás e se arrepender das escolhas que fez.

Talvez o problema seja a palavra "desistir", certo? Desistir parece uma palavra negativa demais. Uma dica: troque a palavra.

– Por que você desistiu da faculdade de Direito, Carlinhos? Só faltavam três anos. Acho advogado uma profissão tão bonita. Usa terno, é sempre chamado de doutor...

– Não, tia Cotinha. Eu não desisti, só corrigi meu rumo, mudei de ideia. Optei por um curso que tinha mais a minha cara. Mas pode deixar, vou mandar uma foto minha de terno para a senhora!

Se o problema é o poder que a palavra tem, troque-a. Não *desista, comece de novo*.

Acredite, vai ser melhor pra você.

PARTE 3

Afinal, o que FAZER da minha VIDA?

23. O que não nos dizem quando temos dezoito anos

"Viver é envelhecer, nada mais."

SIMONE DE BEAUVOIR | Filósofa existencialista

Ao longo dos milênios, culturas distintas praticaram os mais variados tipos de rituais de passagem para celebrar o momento em que seus meninos e meninas se tornavam adultos. Alguns se mantêm vivos até hoje.

Para ser considerado um homem, os meninos da tribo Sateré Mawé, nativos do estado do Amazonas, enfiam suas mãos em uma espécie de luva de argila recheada de formigas tocandiras. Os jovens devem dançar por dez minutos com o acessório empunhado e resistir à dor, que pode durar até 24 horas e causar convulsões de tão intensa.

Na América Latina, temos o costume de celebrar quando uma menina chega aos quinze anos. Em países de colonização espanhola, essa festa é chamada de Quinceañeara, que equivale ao nosso baile de debutante. Em suas origens tribais, esse ritual preparava as meninas para o casamento. Celebrar a décima quinta primavera das filhas significava para os pais aceitar o fato de que suas pequenas haviam se tornado mulheres. Assim, apresentavam-nas à sociedade, passando a mensagem de que elas estavam prontas para o casamento.

No entanto, o ritual mais insano presente até hoje talvez seja o Naghol, praticado pelos jovens da Ilha de Pentecostes, na Oceania. Todos os anos, a fim marcar a passagem para a vida adulta, rapazes escalam uma estrutura de madeira de cerca de trinta metros, muito parecida com um andaime. Lá em cima, amarram os tornozelos com uma espécie de cipó e se jogam em direção ao chão.

Diferente do *bungee jumping* – que se inspirou no Naghol –, no qual a cabeça do praticante passa bem longe do chão, aqui ela *deve* tocá-lo. Apesar de o pulo não ser um ato obrigatório, os nativos acreditam que um salto bem-executado garante a fertilidade do solo e que a safra anual de inhame seja bem-sucedida.

Esses são apenas alguns dos muitos exemplos de rituais de passagem da adolescência para a vida adulta. E, apesar de normalmente não incluírem formigas, salão de festas enfeitado ou um salto para a morte, chegar aos dezoito anos de idade é um desses momentos importantes. O que acontece é que, entre as cobranças próprias da vida adulta, alguns bons conselhos acabam ficando fora do lugar-comum. A começar pela escolha de uma profissão.

Para os mais sortudos, os dezoito anos vêm com a escolha da faculdade e da carreira que exercerão pelo resto da vida. Para aqueles sem poder aquisitivo, ser maior de idade pressupõe a busca do primeiro emprego. Um dia estamos brincando de Barbie ou Comandos em Ação no chão da sala. No outro, temos que decidir sobre coisas que afetarão nossa vida para sempre.

Pode parecer injusto exigir que jovens cujo bigode ainda nem preenche a parte superior dos lábios assumam um compromisso assim tão sério. E de fato é.

Aos dezoito anos, poucas pessoas te alertam sobre o fato de que concluir uma faculdade não é garantia de uma carreira bem estabelecida. O número de vagas no mercado de trabalho é menor do que a quantidade de egressos do ensino superior. Com a flexibilização do mercado e o surgimento de novas carreiras e empreendimentos, habilidades específicas têm se mostrado mais importantes do que um mero diploma.

Duvida? Você pode perguntar para empreendedores como Flávio Augusto, criador da Wise-Up e um dos maiores gurus de empreendedorismo do país; para Mark Zuckerberg, criador do Facebook; ou para Silvio Santos, dono do SBT – todos executivos bem-sucedidos e que optaram por focar na carreira em vez de concluir o ensino superior.

O século XXI, hiperconectado e dotado de um mercado de trabalho dinâmico, fez com que os estudos de cátedra não conseguissem manter o passo das exigências do dia a dia de uma empresa.

Por vezes, cargos de confiança precisam de conhecimentos e habilidades que um acadêmico não consegue transmitir para um aluno sob uma ótica prática. Logo, faculdade não é sinônimo de sucesso. Aliás, aproveitando a deixa, vamos falar sobre o que é *sucesso*.

Somos muito cobrados para alcançar esse *status* de bem-sucedidos, com um emprego fixo, bem-remunerado e que possibilite comprar o carro do ano, apartamento em bairro nobre e uma viagem para fora do país nas férias.

Aos dezoito anos, porém, ninguém conta pra você que o preço do sucesso pode ser muito alto. Vale a pena sacrificar sua felicidade, sua saúde ou até mesmo o tempo com seus entes queridos por conta de status? Jogamos toda a luz sobre o sucesso, mas não avisamos que é preciso que um indivíduo esteja bem, física e emocionalmente, para que possa fazer bom proveito dele.

De hora extra em hora extra vamos perdendo qualidade de vida. Quando ainda jovens, aquelas quatro horas depois do expediente parecem coisa boba. Mas, minuto após minuto, vamos deixando de cuidar de nosso corpo, de estar com as pessoas que amamos e, por fim, só resta arrependimento.

Esse desgaste não atrapalha apenas o indivíduo, mas também a empresa. Basta reparar na quantidade de empresas que têm investido em soluções para oferecer mais qualidade de vida a seus funcionários – seja flexibilizando jornadas ou mesmo contratando terapeutas e coachs para acompanhar o desenvolvimento interno de seus funcionários.

Uma pessoa com mente e corpo saudáveis não só trabalha melhor: trabalha por mais tempo. De nada vale ser um executivo bem-sucedido aos 30 e morrer aos 35 de um ataque cardíaco. É possível equilibrar a vida dentro e fora do trabalho de uma maneira saudável.

> Aos dezoito anos, ninguém conta pra você que o preço do sucesso pode ser muito alto. Vale a pena sacrificar sua felicidade, sua saúde ou até mesmo o tempo com seus entes queridos por conta de status?

Por último, precisamos falar sobre relacionamentos. A pressão pelo casamento antes dos trinta anos tem diminuído ao longo dos últimos tempos. Hoje, os relacionamentos são mais flexíveis e os jovens amadurecem mais tarde. A carência, no entanto, é universal.

Aos dezoito, é fácil se imaginar casado, com filhos e bem-sucedido aos trinta, no máximo aos quarenta. Quando chegam os trinta, porém, percebemos que a vida nem sempre segue o rumo que planejamos. Amores vêm, amores vão.

É fácil deparar com situações como uma mãe solteira com uma carreira sólida ou uma pessoa casada que ainda não sabe exatamente qual rumo seguir em termos profissionais. A vida não segue nenhuma lógica.

A principal coisa que não nos contam aos dezoito anos é que nem sempre conseguimos realizar nossos sonhos e planos. Por vezes, esses sonhos mudam no meio do caminho. Num dia, seu ideal de sucesso é uma carreira de ator em Hollywood. No outro, você sente um frio na barriga ao pensar em como seria maravilhoso ter apenas uma família e uma casa bacana.

Ao completar um ritual de passagem, nos sentimos invencíveis. Com dezoito anos, diploma na mão, carteira de motorista e as mais diversas possibilidades à frente, é fácil achar que somos capazes de tudo. Até somos, mas nem sempre conseguimos. E saber lidar com todas as frustrações e decepções que vão surgir pelo caminho faz parte do ritual que é amadurecer.

> A principal coisa que não nos contam aos dezoito anos é que nem sempre conseguimos realizar nossos sonhos e planos.

24. O pensamento positivo e a ditadura da felicidade

> "A felicidade é episódica, uma ocorrência eventual. A vida é carregada por momentos de turbulência."
>
> MARIO SERGIO CORTELLA | Filósofo e educador

Vivemos numa época na qual somos direcionados pela busca incessante de um sentimento: a felicidade.

Basta dar uma olhada nas prateleiras das livrarias, nos vídeos do YouTube, nas revistas, nos programas de treinamento, na TV ou nas salas de terapia. Somos diariamente bombardeados por uma avalanche de fórmulas, dicas, sugestões, orientações e receitas de como ser feliz. Tudo isso cria uma necessidade de correr atrás desse sentimento como se atingi-lo fosse o objetivo máximo da vida. Assim, a felicidade se transforma no Paraíso, no Olimpo, na Terra

Prometida. E toda sua existência será em vão caso você não chegue lá.

Mas será que precisamos realmente ser escravos do ideal de felicidade para viver?

Em grego, a palavra *felicidade* é *eudaimonia* (*eu* = bom; *daimon* = demônio). Para os gregos, esse sentimento era uma espécie de semideus ou gênio que acompanhava todos os seres humanos. Ser feliz, portanto, era contar com um "bom demônio" ao seu lado, algo como um gênio. Já aquele que tivesse a indesejável companhia de um "mau demônio" era totalmente infeliz. Cabe ressaltar que nesse caso o termo demônio não remonta ao sentido bíblico da cultura judaico-cristã.

A primeira referência filosófica a esse sentimento é um fragmento de um texto de Tales de Mileto, que viveu entre as últimas décadas do século VII a.C. De acordo com o pensador, é feliz "quem tem corpo são e forte, boa sorte e alma bem formada". Ou seja, para os gregos, a felicidade dependia do acaso.

Sócrates, que morreu no século IV a.C., apresentou uma nova interpretação da ideia de felicidade, enfatizando que ela não estava associada apenas à satisfação dos desejos e necessidades do corpo. Para ele, o homem seria mais alma do que corpo. Assim, a felicidade representaria o bem da alma, atingível somente por meio de uma conduta virtuosa e justa. Então, as atitudes dos homens teriam efeito direto sobre sua felicidade.

No Império Romano, para o pensador helênico Epicuro (que viveu entre 341 a.C. e 271 a.C.), o prazer era essencial à felicidade. Os epicuristas pregavam a filosofia do hedonismo (*hedone* = prazer, em grego).

Séculos mais tarde, na Idade Média, a felicidade se esvaiu das discussões filosóficas, retornando apenas na Idade Moderna, ganhando destaque no pensamento político. A busca pela felicidade passou a ser considerada um "direito do homem", como consta inclusive na Constituição dos Estados Unidos da América, redigida sob influência do Iluminismo, em 1787.

Na Idade Contemporânea, que já contempla o século XX, Bertrand Russel debruçou-se sobre o tema na obra *A conquista da felicidade*, na qual propõe que é necessário alimentar uma multiplicidade de interesses e de relações com as coisas e com os outros para, assim, ser feliz.

Para Russel, a essência da felicidade está na relação com o outro e na eliminação do egocentrismo.

Nos últimos cinquenta anos, a felicidade passou a ser atrelada a uma ideia de consumo, embasada pela indústria, que criou nas pessoas um ardente desejo de posse das coisas. Assim, busca-se algo para reativar o bom sentimento dentro da gente.

O problema é que o desejo por alguma coisa desaparece tão logo essa coisa é conquistada, o que resulta em uma nova busca e em uma necessidade contínua de procurar a felicidade fora de si, incorrendo num círculo vicioso.

Essa cobiça pela felicidade causa vários problemas. O primeiro deles é a ansiedade, que impele as pessoas a sempre buscar o "algo a mais" para atingir o sentimento supremo. É a eterna cena do cão correndo atrás do rabo.

Por consequência, isso leva ao segundo e, talvez, maior problema: a frustração. Como esse "algo a mais" não é palpável e tampouco é um sentimento pleno – afinal, não *somos* felizes, temos *momentos* felizes –, acabamos frequentemente frustrados, com a sensação de que falhamos e de que a vida que as outras pessoas orgulhosamente exibem nas redes sociais é bem mais feliz que a nossa.

Pesquisas e estudos recentes apontam para um número assustador de crianças entrando em depressão cada vez mais cedo. Sentimentos de ansiedade, tristeza e angústia têm feito parte da vida dos pequenos, com o agravante de que eles ainda não têm estrutura emocional para lidar com isso. Como resultado, temos gerações desprovidas de inteligência emocional para suportar críticas, discordâncias e empecilhos que atravancam planos e idealizações.

> O desejo por alguma coisa desaparece tão logo essa coisa é conquistada, o que resulta em uma nova busca e em uma necessidade contínua de procurar a felicidade fora de si, incorrendo num círculo vicioso.

Para evoluir enquanto indivíduos, precisamos driblar as frustrações e as tristezas, ainda que isso não seja nada fácil. Ainda que a evitemos veementemente, a tristeza é fundamental, e tem a função de atuar como um luto necessário para que aprendamos com as adversidades.

Em muitos casos, esse sentimento funciona como uma espécie de sinal, revelando atos ou escolhas que precisam ser modificados. Não é raro que o próprio caminho que conduz a um momento feliz precise passar por alguma situação de provação ou sofrimento. Nesses casos, a tristeza, além de ser um indicador para as pessoas próximas de que precisamos de ajuda, pode alimentar um outro sentimento válido e necessário à vida: a esperança.

O filme *Divertida mente*, da Disney/Pixar, que se passa na mente de uma menina de onze anos que precisa aprender a lidar com os sentimentos em meio a um turbilhão de mudanças em sua vida, ilustra isso muito bem. A ideia para o filme surgiu depois que o diretor Pete Docter observou que sua filha, outrora uma criança alegre, passou a ficar amuada pelos cantos ao entrar na pré-adolescência. Ao buscar uma resposta para a angústia da filha, Docter chegou à conclusão de que ela precisava passar por aquela experiência desagradável para que, de certo modo, esse momento a ajudasse em seu processo de crescimento e no equilíbrio de seus sentimentos.

Claro, nada disso quer dizer que devemos agir como masoquistas e procurar somente situações desfavoráveis, frustrações e fracassos, a fim de que isso nos transforme em seres humanos mais resilientes e evoluídos.

Contudo, precisamos aprender a curar nossas próprias feridas, manter o luto e nos levantar depois de uma queda. Precisamos entender que a vida é feita de momentos alegres e tristes, de conquistas e frustrações.

Não existe uma felicidade plena, geral e irrestrita. Ela não é um estado contínuo, mas uma ocorrência eventual. Agiríamos como idiotas se vivêssemos numa situação plena de felicidade.

A felicidade vem em pílulas, em doses fracionadas, não em uma vacina que vai imunizá-lo dos outros sentimentos negativos pelo resto da vida. Como bem diz o filósofo contemporâneo Mario Sergio Cortella: "Nós só sentimos a felicidade pela carência da mesma".

Se há uma certeza na vida, é a de que os obstáculos surgirão. E, quando eles aparecerem, será necessário ter forças para se levantar, aprender e tomar um novo caminho, se necessário.

Precisamos aprender com nossos ganhos e com nossas perdas. De nada adianta converter a sua tristeza em uma alegria de aparências, artificial, ditada pelas expectativas da sociedade. Ter momentos felizes é preciso, mas sofrer não é apenas necessário: é vital para sua evolução.

> Precisamos aprender a curar nossas próprias feridas, manter o luto e nos levantar depois de uma queda. Entender que a vida é feita de momentos alegres e tristes, de conquistas e frustrações.
> Não existe uma felicidade plena, geral e irrestrita. Agiríamos como idiotas se vivêssemos numa situação plena de felicidade.

25. Solitude: como lidar com a solidão

"[...] Que minha solidão me sirva de companhia. Que eu tenha a coragem de me enfrentar, que eu saiba ficar com o nada e mesmo assim me sentir como se estivesse plena de tudo."

CLARICE LISPECTOR | Escritora e jornalista

Já dizia o poeta John Donne em sua célebre frase: "Nenhum homem é uma ilha". Apesar de vivermos na época de maior densidade demográfica de toda a história (obrigado, China) e de a internet nos permitir constante contato com pessoas que estão do outro lado do globo, isso não impede que, muitas vezes, nos sintamos sozinhos no universo.

Se pudéssemos demarcar o ponto certo da vida em que passamos a lidar mais com a solidão, esse momento seria a vida adulta. Quando você já saiu da escola e começa a trabalhar sério. Sempre falta tempo e você não consegue mais ver seus amigos com a frequência que gostaria.

Aos poucos, as saídas começam a rarear, na contramão das ressacas, que tendem a ser cada vez mais intensas. Aquele encontro com os amigos no fim de semana vai virando o encontro do mês e, quando você se dá conta, só vê seus amigos em aniversários, e olhe lá.

E, apesar daquele lero-lero de "precisamos nos ver mais", no fundo você sabe que seus encontros serão cada vez mais eventuais.

Pois é... Lidar com esse sentimento de solidão nem sempre é fácil.

Uma pesquisa da Universidade de Swinburne, na Austrália, afirmou que a solidão pode levar ao surgimento de males como a ansiedade, a depressão e a paranoia.

Porém, ao mesmo tempo em que a ideia de estar sozinho amedronta a muitos, monges budistas, padres e outros gurus afirmam encontrar justamente no isolamento sua paz espiritual.

Cabe neste momento fazer uma distinção entre o que é *solidão* e o que é *solitude*. Para o teólogo alemão Tillich, "a linguagem criou a palavra solidão para expressar a dor de estar sozinho. E criou a palavra solitude para expressar a glória de estar sozinho".

Solidão é, basicamente, a dor de estar sozinho. Uma pessoa caminha só pela praia, olha para o lado e sente falta de uma companhia. A solitude, por sua vez, não incorre em

> Estar só não é algo necessariamente ruim. Só é ruim se essa condição não for uma escolha sua. Se na sua vida a solidão foi de algum modo imposta, talvez seja o momento de buscar ajuda.

sofrimento. Designa aquele momento importante no qual colocamos a cabeça no lugar, seja para assistir a um filme, comer algo gostoso ou mesmo apreciar uma bela vista. Estar sozinho pode parecer desolador, mas precisamos também ser capazes de apreciar nossa própria presença.

No dia a dia vivemos em grupo e somos demasiadamente dependentes da aprovação alheia. Você espera sua namorada para poder ver um filme, espera que seus amigos decidam primeiro para só então escolher o que vai beber. No coletivo, deixamos o *eu* de lado em prol do que é mais bem aceito pelos que nos cercam.

Estar sozinho, portanto, não é algo necessariamente ruim. Só é ruim se essa condição não for uma escolha sua. Se na sua vida a solidão foi de algum modo imposta e você se sente oprimido por ela, talvez seja o momento de buscar ajuda. Visitar um terapeuta, ligar para um amigo que não vê há tempos ou mesmo um programa em família.

Tal qual um monge budista que se isola no alto de uma montanha, uma pessoa pode se isolar sem ao menos perceber. Aos poucos, ela deixa de sair de casa, de se arriscar a fazer coisas novas. Se fecha para o mundo lá fora.

Se a solidão lhe causa dor, é preciso tomar uma atitude e driblar esse estado negativo. Vale até uma pequena ousadia, como puxar papo com um estranho, ou mesmo começar um novo curso ou uma atividade, como dança. Mas não tenha medo de reservar alguns momentos só para você. Sozinho, você pode descobrir muito sobre si mesmo.

O filósofo alemão Martin Heidegger afirma em sua obra *Ser e tempo*:

> Estar só é a condição original de todo ser humano. Que cada um de nós é só no mundo. É como se o nascimento fosse uma espécie de lançamento da pessoa à sua própria sorte. Podemos nos conformar com isso ou não. Mas nos distinguimos uns dos outros pela maneira como lidamos com a solidão e com o sentimento de liberdade ou de abandono que dela decorre, dependendo do modo como interpretamos a origem de nossa existência.
>
> O homem se torna autêntico quando aceita a solidão como o preço da sua própria liberdade. E se torna inautêntico quando interpreta a solidão como abandono, como uma espécie de desconsideração de Deus ou da vida em relação a ele. Com isso, abre mão de sua própria existência, tornando-se um estranho para si mesmo, colocando-se a serviço dos outros e diluindo-se no impessoal. Permanece na vida sendo um coadjuvante em sua própria história.

26. Mantenha seus amigos por perto

> "Para conseguir a amizade de uma pessoa digna é preciso desenvolver em nós mesmos as qualidades que naquela admiramos."
>
> SÓCRATES | Filósofo ateniense

Para falar de amizade e tempo, a ligação entre os atores Arnold Schwarzenegger e Sylvester Stallone pode servir como um ótimo exemplo. Em 2017, Schwarzenegger completou setenta anos. Para comemorar a data especial, ele fez uma festa havaiana em sua mansão nos Estados Unidos. Curiosamente, entre os convidados estava ninguém menos que seu maior rival em Hollywood: Sylvester Stallone.

Os dois disputaram o título de maior estrela dos filmes de ação durante as décadas de 1980 e 1990, consolidando o gênero dos "longas de brucutu" com muita testosterona, porradaria, armas e sangue. Entre as grandes produções que marcaram época podemos lembrar da série *Rocky*, *Rambo*, *O exterminador do futuro*, *True Lies*, entre outras.

O próprio Schwarzenegger revelou em sua biografia que considerava Stallone como seu grande adversário nos cinemas e fazia de tudo para ficar à frente dele. Ambos ficaram um bom tempo sem se falar por conta da rivalidade nas telonas, que se intensificava graças aos boatos maldosos da imprensa, que colocava ainda mais lenha na fogueira.

Anos mais tarde, porém, com suas carreiras consolidadas e já fora dos holofotes, os atores voltaram a trocar ideias e chegaram até mesmo a filmar juntos.

O filme *Rota de Fuga*, produção de 2013, conta com a participação dos dois astros como protagonistas. Tal situação seria impensável algumas décadas antes, mas realizou o sonho de muitos fãs.

No fim da festa havaiana de Schwarzenegger, Stallone fez um discurso emotivo e bem legal sobre amizade e rivalidade: "Você não desiste. Você tem sido um inimigo fantástico e um amigo melhor ainda, é tudo o que posso dizer", falou para o amigo Arnold.

Quem acompanha os dois nas redes sociais sabe o quanto a amizade deles é sincera. Tanto que o próprio Schwarzenegger chegou a apoiar uma campanha para que Stallone ganhasse o Oscar de Melhor Ator Coadjuvante pelo filme *Creed – Nascido para lutar*. Sly não levou o prêmio, mas a amizade se fortaleceu ainda mais.

Amigos de verdade são os irmãos que você escolhe para a sua vida. Existem poucos sentimentos mais nobres do que uma amizade real e sem interesse.

Você pode ter um vínculo com um irmão por conta do grau de parentesco. No entanto, pode não ter nada mais em comum com ele, discordar de suas atitudes e manter um contato pífio.

No trabalho, você pode ter colegas e passar mais tempo com eles do que com sua própria família ou namorada. Mas, uma vez que você saia da empresa, vai ver que só em pouquíssimos casos esse convívio todo se converte em amizade.

Num relacionamento, você pode criar um grau de amizade com seu parceiro ou parceira, mas são raras as histórias em que essa amizade resiste ao término do relacionamento, quando já não existe um interesse comum.

Mas amigo *amigo*, amigo do peito, amigo de verdade mesmo, esse não precisa de vínculo familiar para gostar de você. Não está condicionado a um cargo, a uma classe de estudo e tampouco a um interesse sexual. Um amigo pode achar você feio, pensar diferente, discordar da maioria das suas atitudes e, ainda assim, estar ao seu lado. Porque a amizade é a relação mais pura e desinteressada possível!

Um estudo publicado na revista científica *Plos Medicine* revelou que viver isolado é tão ruim quanto fumar 15 cigarros por dia, ser obeso e sedentário. O estudo apontou ainda que indivíduos que se mantinham em um grupo social, como de amigos, tinham uma taxa de sobrevida 50% maior quando comparados aos mais solitários. De acordo com os pesquisadores, pessoas sociáveis parecem colher recompensas extras de seus relacionamentos, já que se sentem menos estressadas. Elas também se sentem responsáveis por outras pessoas, um senso de propósito que as faz cuidar melhor de si e, inclusive, correr menores riscos de vida.

Outra pesquisa, esta realizada pela Universidade da Carolina do Norte, revelou que as conexões sociais têm grande impacto sobre a saúde, tanto quanto dieta e exercícios. Entre os benefícios de ter pessoas próximas em um nível de companheirismo estão pressão arterial mais baixa, circunferência da cintura e índice de massa corpórea menor do que aqueles que não construíram laços sociais fortes.

Uma das conclusões é que o isolamento social tem maior impacto com jovens entre 12 e 18 anos para o desenvolvimento de inflamações. Para adultos e idosos, o isolamento potencializa o desenvolvimento de hipertensão e obesidade abdominal.

A pesquisa mostra ainda que a solidão na terceira idade afeta a longevidade e que uma vida social robusta contribui para uma melhor saúde geral.

Verdade seja dita: não somos bons em aceitar críticas, e podemos ficar muito irritados ao sermos contrariados por alguém do nosso convívio profissional ou mesmo por nossos parceiros. Uma amizade sincera, no entanto, te oferece toda a franqueza de que você precisa no momento certo. Uma verdade vinda de um amigo pode atingir o ponto certo e fazê-lo refletir e reavaliar seus atos e conceitos.

> Amigo *amigo*, amigo do peito, amigo de verdade mesmo, esse não precisa de vínculo familiar. Um amigo pode achar você feio, pensar diferente, discordar da maioria das suas atitudes e, ainda assim, estar ao seu lado. Porque a amizade é a relação mais pura e desinteressada possível!

Um amigo é capaz de fazê-lo aceitar verdades inconvenientes: você passou do ponto na bebida, aquela pessoa de quem você gosta o está sufocando, aquela camiseta slim não fica bem em você... Um amigo traz a visão externa de que tanto precisamos para evitar futuras cagadas.

Um amigo pode não simbolizar a maturidade em pessoa. Tê-lo ao seu lado não significa, necessariamente, que você não vai cometer algumas cagadas, tomar porres homéricos ou se enfiar em situações merda, pois sempre existe a possibilidade de ele ser mais sem noção do que você. Mas, passados o susto e a tensão, vocês terão muitas histórias para contar e se divertir juntos. E amizade é sobre isso também.

Tal como um padre num confessionário, um amigo pode ouvir coisas que não revelaríamos nem para familiares ou parceiros, sem fazer julgamentos ou tomar partidos. É claro que, quando mais novo, você consegue fazer amizades com mais facilidade. Com o tempo, no entanto, você vai perceber que sua vida vai fazer uma "seleção natural", restringindo cada vez mais os vínculos de amizade.

Um estudo da Universidade de Aalto, na Finlândia, apontou que aos 25 anos as pessoas alcançam o pico de sociabilidade, atingindo assim o número máximo de amigos que podem ter em vida. Depois disso, seus círculos sociais começam a diminuir até quase sumir completamente depois dos sessenta anos.

Tal qual um bom vinho, a amizade tende a melhorar com o passar do tempo. Aqueles que permanecerem em sua vida, ainda que não sejam muitos, certamente valerão muito mais a pena do que outros contatos mais rasos e superficiais. Para um bom amigo, nem a distância geográfica faz tanta diferença assim: basta um reencontro, uma ligação ou uma mensagem para você constatar que nada mudou.

Uma boa amizade, no entanto, carece alguns cuidados, por mais orgânica e natural que seja. Há aqueles que enquanto solteiros não desgrudam dos amigos, mas tão logo engatam um relacionamento são os primeiros a abandonar o barco e se excluir do convívio com os companheiros.

É claro que você não vai manter o ritmo de baladas e bebedeiras quando decidir ficar com alguém, mas seus amigos verdadeiros vão dar um jeito de se adaptar a essa nova realidade, só para tê-lo por perto. Tanto seu parceiro ou parceira quanto seus amigos precisam entender que uma coisa não anula a outra.

Se na vida de solteiro a amizade é necessária, num relacionamento ela não é menos fundamental, pois será a sua válvula de escape, seu momento de individualidade no relacionamento. É preciso compreender que um relacionamento não é uma ilha deserta na qual você tenha de se isolar do resto do mundo.

Por todos esses motivos, a dica de ouro é: *mantenha seus amigos por perto*, independentemente da fase da sua vida. Eles serão seu porto seguro quando necessário, sua válvula de escape para não enlouquecer, a voz da razão quando estiver perdido e personagens de algumas das mais divertidas histórias que você vai guardar para sempre na memória.

27. A bad nossa de cada dia

"A cura para qualquer coisa é a água salgada: suor, lágrimas ou mar."

ISAK DINESEN | Escritora dinamarquesa

Responda rápido: Quando foi a última vez que você acordou feliz?

Pode até parecer banal, mas era uma pergunta que teimava em martelar na cabeça de Gabriel. Vasculhando sua biblioteca mental, ele mal conseguia se lembrar da última ocasião em que havia acordado de bem com a vida e permanecido assim ao longo do dia.

O mais confuso para Gabriel era que sua vida não apresentava qualquer razão aparente que justificasse sua tristeza. Ele trabalhava com o que gostava, ganhava o suficiente para fazer o que tinha vontade, tinha amigos bons e compreensíveis, praticava esportes e vivia muito bem sua vida de solteiro.

Apesar de tudo isso, ele frequentemente acordava com um enorme peso sobre os ombros e adiava sair da cama o máximo possível. Todas as atividades de sua rotina pareciam desgastantes e sofridas.

Gabriel, no entanto, sabia que não estava com depressão, pois não apresentava os sintomas clássicos do mal: alteração de humor, insônia, sentimentos de desesperança, choro, falta de motivação, mudanças no apetite e pensamentos suicidas.[1] O que ele sentia era uma tristeza persistente, mas não total e nem a todo instante. Era como se tivesse uma pedrinha pentelha no sapato, que por mais que incomodasse, não feria a ponto de ser retirada imediatamente.

> A tristeza é um dos raros momentos que nos permitem reflexão, uma volta para nós mesmos, uma possibilidade de nos conhecer melhor, de saber o que queremos, do que gostamos e o que repudiamos.

Sentimentos negativos se misturavam aos instantes felizes, que duravam muito pouco, e isso o deixava muito mal.

Gabriel não está sozinho. Há muitos jovens na mesma condição, percorrendo um caminho sombrio e apático que não chegou à depressão. Gabriel está numa *bad*.

Diferente da depressão, a tristeza é uma resposta a estímulos internos como recordações e memórias, ou até externos, como a perda de um emprego ou o fim de um relacionamento.

Por incrível que pareça, a tristeza em si não chega a ser uma emoção, já que é uma resposta imediata a um estímulo. É uma reação natural a momentos de perdas ou de frustrações, em que são liberados hormônios cerebrais

---

1 Caso você esteja manifestando alguns desses sintomas, recomendamos fortemente que procure um médico.

chamados neurormônios, responsáveis pela angústia, pela melancolia e pela sensação de coração apertado.

Quando tristes, podemos chorar pela morte de um ente querido, por exemplo. Com o tempo, porém, a dor passa, por mais que a saudade persista. Num quadro depressivo, por sua vez, o que persiste é a dor. Falta prazer em fazer as coisas.

Como a vida não é feita só de coisas boas a todo o momento, não há como fugir do estado de tristeza. Mas, com a imposição da "ditadura da felicidade", que nos obriga a sorrir mesmo quando não estamos bem, instaurou-se uma verdadeira caça às bruxas a fim de evitar o sentimento negativo.

A conclusão dos especialistas sobre o assunto não poderia ser mais simples: estar infeliz é natural e necessário à condição humana.

Segundo o psicólogo americano Martin Seligman, da Universidade da Pensilvânia, a tristeza é um dos raros momentos que nos permitem reflexão, uma volta para nós mesmos, uma possibilidade de nos conhecer melhor, de saber o que queremos, do que gostamos e o que repudiamos.

É com a tristeza do fim de um relacionamento que aprendemos a nos dar o devido valor. É com a tristeza de uma demissão que podemos sair da zona de conforto e correr atrás de outras boas oportunidades.

Por mais que seja muito bom celebrar as alegrias e vitórias, isso nos dá a falsa impressão de que tudo está bem e não precisa ser melhorado. O obstáculo, a perda, a quebra de expectativa ou o luto fazem com que nos movamos muito mais rápido para ajustar aquilo que não deu certo ou reparar os erros cometidos.

A tristeza é um remédio amargo com o qual nosso paladar não está acostumado, mas que pode resolver muitos males. A felicidade, no entanto, é aquele placebo saboroso que até pode ter um gosto muito bom, mas não resolve nada.

Um estudo realizado em 1978 com ganhadores da loteria revelou que os sortudos tiveram picos de alegria logo após a premiação, mas voltaram aos níveis anteriores pouco tempo depois.

A mesma pesquisa revelou, porém, que pessoas que ficaram paraplégicas em acidentes recuperaram seus níveis de felicidade dois meses depois. Ou seja, quando a tristeza representa um sentimento saudável e natural da vida, ela tende a ser finita e passageira.

Mas por que os jovens parecem mais afetados pela tristeza? Em um TED intitulado *Pessoas mais velhas são mais felizes*,[2] Laura Carstensen, professora de Psicologia e diretora do The Stanford Center on Longevity, debruçou-se sobre diversos estudos que comprovaram que o envelhecimento melhora a qualidade de vida pelo acúmulo do conhecimento, aumento da competência e a melhoria de aspectos emocionais.

> A tristeza é um remédio amargo com o qual nosso paladar não está acostumado, mas que pode resolver muitos males. A felicidade, no entanto, é aquele placebo saboroso que até pode ter um gosto muito bom, mas não resolve nada.

---

[2] Confira o vídeo em https://bit.ly/2EszPyl.

Os idosos geralmente são mais positivos, encaram a tristeza com maior naturalidade e até conseguem ver a injustiça com compaixão e sem desespero. O interessante é que existe um paradoxo do envelhecimento que norteia isso. Como eles reconhecem que não viverão para sempre, conseguem enxergar a vida por um aspecto positivo.

Laura Carstensen revela que:

> Quando reconhecemos que não temos todo o tempo do mundo, enxergamos nossas prioridades de maneira mais clara. Prestamos menos atenção a assuntos triviais. Apreciamos a vida. Somos mais compreensivos, mais abertos à reconciliação. Investimos em partes mais emocionalmente importantes de nossas vidas, e a vida torna-se melhor, daí ficamos mais felizes no nosso dia a dia.

As mídias sociais têm sua parcela de culpa por essa concentração de tristeza nos mais jovens. De acordo com um estudo realizado pela Universidade de Stanford, nos Estados Unidos, Facebook e Instagram nos dão uma falsa percepção de como os outros são *mais* felizes do que nós. Assim, temos a impressão de que somente nós estamos tristes e acabamos nos isolando, o que pode agravar o problema.

É preciso deixar claro: nem toda tristeza é ruim. Muitas vão acompanhá-lo desde seu nascimento, e é necessário aprender a conviver com elas se quiser desenvolver sua inteligência emocional. Ficar de castigo, não ganhar o que queria no aniversário, levar um pé na bunda, tirar notas baixas, perder uma amizade, entre tantas outras coisas. *Tudo isso é parte da vida.*

O que você precisa fazer é tentar dividir as suas *bads* em duas áreas: aquelas que você consegue mudar e as que não dependem só de você. Quer um exemplo? Perder um familiar é algo fora de seu controle. Você vai sentir a dor e vai ter que aprender a conviver com o luto, mas não há mais nada ser feito, então não adianta se culpar ou se martirizar. Uma briga com seus pais, no entanto, é uma situação negativa cuja resolução está em suas mãos. Você pode pedir desculpas, reconhecer seus erros, ter mais empatia com seus pais, perdoá-los e seguir em frente. Não podemos abrir mão da nossa vida e ficar pelos cantos chorando por conta de problemas que não conseguimos resolver.

> Ficar de castigo, não ganhar o que queria no aniversário, levar um pé na bunda, tirar notas baixas, perder uma amizade, entre tantas outras coisas. *Tudo isso é parte da vida.*

Os problemas têm o peso que atribuímos a eles. Muitas vezes nós mesmos criamos monstros, tempestades em copos d'água. Nossa mente pode trabalhar em um turbilhão de causas e consequências por uma situação simples e relativamente fácil de resolver.

Por isso, recomendamos que você compartilhe suas dificuldades com outras pessoas confiáveis em vez de passar noites em claro sofrendo. Você vai perceber que duas (ou mais) cabeças pensam muito melhor do que uma.

As melhores estratégias para lidar com a tristeza são semelhantes às recomendadas para combater o estresse e a ansiedade: coma bem, durma o suficiente, faça exercícios regularmente e tire uma folga da tecnologia.

Também é útil reconhecer os fatores que desencadeiam a tristeza. Segundo Dinesh Bhugra, professor do King's College London e presidente da World Psychiatric Association, nosso humor é influenciado inclusive pelo clima. Somos mais propensos a sentir sono, letargia e até mesmo uma queda emocional após o pôr do sol, devido ao aumento de produção do hormônio melatonina (relacionado ao sono). Algumas pessoas (particularmente vítimas de transtorno afetivo sazonal, que se sentem mais tristes durante o inverno) respondem a esses ritmos de forma mais aguda do que outros.

Às vezes, simples mudanças na rotina podem virar esse jogo. Se você se sente melhor no período da tarde, por exemplo, procure concentrar tarefas mais desafiadoras ou estressantes nesse período, pois seu humor estará favorável.

Caso o sentimento negativo persista, os especialistas recomendam procurar ajuda médica, pois ele pode se intensificar, transformando-se em uma depressão, doença que afeta cerca de 20% da população mundial.

Tenha em mente que a tristeza permite que você conheça um pouco mais de si mesmo, mais do que seus momentos de alegria. Propicia uma autoanálise, um

> Tenha em mente que a tristeza permite que você conheça um pouco mais de si mesmo, mais do que seus momentos de alegria. Propicia uma autoanálise, um aprendizado com as quedas, uma fuga de sua zona de conforto e uma avaliação das situações por prismas diferentes.

aprendizado com as quedas, uma fuga de sua zona de conforto e uma avaliação das situações por prismas diferentes.

Por isso, permitamo-nos estar tristes, chorar se sentirmos necessidade, falar e deixar as palavras fluírem com nossas emoções. Fiquemos em silêncio, nos amemos, nos odiemos, sintamos vergonha e orgulho de nós mesmos. Deixemos que o caos faça seu trabalho.

Fiquemos aborrecidos, tenhamos medo, esperança, prazer, amemos tudo, porque temos apenas uma existência e precisamos experimentar as mais diversas situações da vida.

28. Tudo bem você não saber o que fazer da sua vida

> "Um dos paradoxos dolorosos do nosso tempo reside no fato de serem os estúpidos os que têm a certeza, enquanto os que possuem imaginação e inteligência se debatem em dúvidas e indecisões."
>
> BERTRAND RUSSELL | Matemático e filósofo

A adolescência é uma das poucas épocas da vida em que, apesar de não saber quase nada, você tem certeza de tudo. Pergunte a um jovem de quinze anos o que ele quer da vida e ele provavelmente vai responder sem titubear quais serão seus passos para os próximos vinte anos.

Repita a pergunta ao mesmo jovem, dez anos depois, mais para os trinta do que para os vinte. Não se assuste se a resposta desta vez for algo como: "Eu não faço a menor ideia do que estou fazendo com a minha vida".

Muitas pessoas passam por isso, principalmente depois de uns dois ou três anos formadas e sem a menor perspectiva de serem o próximo *case* de sucesso na capa da revista *Forbes*.

Acontece. Nem todo mundo é uma estrela de cinema ou alcança o sucesso antes dos quarenta.

> Para a maioria dos mortais, o caminho do sucesso requer muito trabalho duro, suor e lágrimas.

O ator Harrison Ford tinha 33 anos quando interpretou Han Solo em *Star Wars – Uma nova esperança*, seu primeiro personagem de sucesso. Foram três décadas de vida para ganhar um papel de destaque.

Sylvester Stallone só conseguiu emplacar o projeto de *Rocky – Um lutador* aos trinta anos, depois de ter trabalhado como segurança e ator pornô. O cara chegou até a vender o próprio cachorro para poder se sustentar. Leonardo Da Vinci, um dos maiores gênios de todos os tempos, só conseguiu vender sua primeira obra depois dos trinta.

Para piorar, nem sempre conseguimos em vida o reconhecimento por aquilo que fazemos. Haja vista artistas como Vincent Van Gogh, Franz Schubert e Johann Sebastian Bach, que só começaram a fazer sucesso depois que já tinham batido as botas.

Vivemos numa época em que nossos astros e referências estão cada vez mais novos. Todo mundo quer ser o novo Felipe Neto, Justin Bieber, Bruna Vieira, Mark

Zuckerberg entre outros, que se tornaram ricos e famosos tão logo saíram da puberdade.

"Novo talento alcança fama e fortuna aos catorze anos de idade. Confira sua coleção de jatinhos e carros importados." Esse tipo de narrativa é bastante popular com a imprensa e rende inúmeros cliques em reportagens.

Ninguém morre de alegria ao pensar que vai ter que trabalhar por anos a fio para ser bem-sucedido. Vide que tem mais gente tentando a sorte na acumulada do fim do ano do que estudando para passar no vestibular. Há uma pressa de chegar ao sucesso logo, mas poucos veem que esses casos precoces são raras exceções. Para a maioria dos mortais, o caminho do sucesso requer muito trabalho duro, suor e lágrimas.

Isso sem contar a pressão para que a gente decida cada vez mais cedo o que vai fazer da vida. Um jovem mal completa dezoito anos e, ao sair do colégio com um diploma em mãos, tem que escolher a carreira que vai exercer para o resto da vida.

> Cedo ou tarde você descobre que caminhos tomar. Ou não. O que importa é que você seja minimamente feliz.

Sempre tem aquele parente nos jantares de família que pergunta ao jovem quando ele vai largar a sacanagem e encontrar uma mulher para sossegar. Basta a menina pensar em namorar que já tem alguém cobrando a data do casamento. Quando um casal junta os trapos, geralmente não dá nem tempo de descer do altar antes que alguém pergunte para quando é o primeiro filho.

Vivemos essa dinâmica de sermos empurrados como bonecos de pano de uma escolha para outra. E, muitas vezes, a pressa é nossa mesma. Ninguém quer ser deixado para trás.

"Como assim todos os meus amigos estão na faculdade e eu não? Preciso passar logo nesse vestibular." Pulamos de escolha em escolha para apenas seguir a corrente, deixando de fora o que mais importa: o que diabos a gente quer da vida?

Você com certeza conhece alguém que desistiu de alguma faculdade no meio do caminho. "Sabe o que é? Jornalismo não é bem a minha área... Vou fazer Medicina mesmo..." Ou até mesmo alguém que se formou e foi trabalhar com algo completamente diferente de sua graduação.

Assumir que você não sabe exatamente que rumo está tomando é entender que está perdido. Melhor dar esse passo para trás e então seguir em frente do que viver uma vida inteira no automático e se arrepender no leito de morte.

Alguns vão considerar o que você ama como besteira ou perda de tempo. Paciência... Por isso, se neste exato momento você ainda não faz ideia do que está fazendo com a sua vida, relaxe, está tudo bem. Aproveite para fazer de cada passo que porventura der pra trás um impulso para ir pra frente. Fique tranquilo, ninguém tem plena noção do que vai fazer pelo resto da vida.

Cedo ou tarde você descobre que caminhos tomar. Ou não. O que importa é que você seja minimamente feliz.

29. Você pode (e merece) mais

> "Se você pensa que pode ou se pensa que não pode, de qualquer forma você está certo."
>
> HENRY FORD | Empreendedor norte-americano

"Se você nasceu pobre, vai morrer pobre. A não ser que ganhe na loteria." Essa frase expressa um espírito plenamente resignado perante aos supostos desígnios da vida. O que lembra muito a palavra árabe *maktub*, que se popularizou após dar nome a um livro de Paulo Coelho, ao ser mencionada em uma música do *rapper* Oriente e ao virar uma tatuagem da moda por algum tempo (sim, tatuagem da moda. É só lembrar as tatuagens de borboleta, diamante e tribal).

Maktub significa "já estava escrito" ou "tinha que acontecer". Ela sugere que, apesar de possuirmos certo grau de livre-arbítrio, tudo que nos acontece estava destinado a acontecer.

Ao cair nessa de "se você nasceu pobre, vai morrer pobre", o indivíduo se submete aos caprichos do destino e, provavelmente, continuará pobre pelo resto da vida. Isso tudo faria sentido se não fossem os diversos exemplos que contradizem tal afirmação. Oprah Winfrey, apresentadora de TV norte-americana; Howard Schultz, ex-CEO da Starbucks; e, claro, o grande ícone brasileiro nesse tópico: Silvio Santos.

O que essas pessoas têm que os outros não têm? Sorte? Talento? Ou será que eles simplesmente se negaram a aceitar serem incapazes de conquistar algo melhor? É tudo uma questão de condicionamento.

Sofremos uma série de condicionamentos desde a infância. Eles vêm por meio de nossos pais e familiares, imprensa, igreja, sistema de ensino etc. Desde pequenos absorvemos conhecimento, seja pelas nossas próprias experiências ou mesmo por ensinamentos que nos são transmitidos. Muitos desses são baseados em experiências de vida ou na propagação de lições que perduraram por gerações.

Um pai tenta transmitir ao filho o mínimo de conhecimento que tem sobre a vida e, até determinada idade, essa criança será uma esponja de conhecimento.

Cientistas do King's College, em Londres, e da Brown University, em Rhode Island, fizeram uma série de estudos que comprovou que o desenvolvimento das ligações em regiões do cérebro importantes para funções cognitivas é mais forte durante a infância. Ou seja, esse é o período mais propício da vida para absorver conhecimento. Não é à toa que ensinar uma língua estrangeira aos pequenos se tornou uma preocupação e uma necessidade tão grande para alguns pais, aproveitando essa fase favorável.

> Aceitamos as crenças e os medos de terceiros como se fossem nossas verdades. Permitimos que os outros ditem a maneira como vivemos.

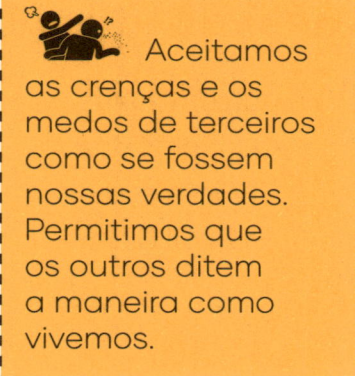

Para além da infância, durante toda a vida buscamos referências em nossas experiências prévias, como uma forma de nos moldar ao ambiente. Assim, tentamos encontrar a maneira mais confortável possível para nos alinharmos às expectativas da sociedade. Tomemos como exemplo uma mulher vestindo uma burca, aquela peça feminina que cobre todo o corpo, obrigatória em países islâmicos. Para nós, que temos uma cultura completamente diferente, uma mulher de burca causa um estranhamento inevitável.

Nós nos acostumamos e nos moldamos ao ambiente em que vivemos, seja na maneira de vestir, de gastar nossa grana ou de nos relacionarmos. Essa adaptação faz com que aceitemos muitas coisas como verdades absolutas, criando diversos limites em nossa vida. Nascem, assim, as crenças limitantes.

A crença limitante nada mais é do que uma suposta verdade que foi dita tantas vezes que você não a contesta mais.

Tais crenças vão desde as mais simples, como "para ser bem-sucedido você precisa de uma faculdade", "só viaja quem tem muito dinheiro" e "abrir o próprio negócio é muito arriscado", até algumas mais perigosas como "estou fadado a esse estilo de vida porque esse é o meu destino".

Ao longo de toda sua vida você é criado para trilhar um caminho bastante óbvio: escola, faculdade, emprego, boletos, casamento, filhos, viagem de férias, impostos, compras, sepultura num cemitério bacana. Isso tudo caso você tenha muita sorte.

Qualquer coisa que fuja do roteiro é vista com maus olhos: "Como assim, vai fazer outra faculdade depois dos trinta?". Ou até mesmo "Por que se separar? Vocês estão casados há tanto tempo! Por que jogar tudo no lixo? Casamento é assim mesmo, tem os seus conflitos".

E o problema é que aceitamos essas crenças e os medos de terceiros como se fossem nossas verdades. Permitimos que os outros ditem a maneira como vivemos.

Claro que fazer algo como investir em ações não é fácil. Depositar cinquenta reais todo mês na poupança é muito mais cômodo do que sentar e estudar um pouco em qual ação investir.

Sua preguiça, seus medos e sua zona de conforto são os fatores que garantem aos bancos, aos empresários e a outras pessoas margens de lucros gigantes.

E não pense que essas "amarras" se aplicam apenas a dinheiro.

Quantas vezes você não deixa de falar com alguém por quem está interessado porque tem medo? Porque se acha feio? Porque não quer ser rejeitado? Ou deixa de prestar um concurso público porque se acha burro? Ou não junta uma grana pra viajar pelo mundo porque acha "difícil demais"?

Podemos também designar esses comportamentos como condicionamento operante. O termo foi cunhado pelo psicólogo norte-americano B. F. Skinner após uma série de experimentos com ratos. Toda vez que os ratos se moviam por uma caixa e batiam por acidente em uma alavanca, recebiam comida. Depois de um tempo repetindo o mesmo ciclo, os ratos aprenderam que, se pressionassem a alavanca, receberiam comida. O comportamento que é reforçado tende a ser repetido; o comportamento que não é reforçado tende a se extinguir.

> Sua preguiça, seus medos e sua zona de conforto são os fatores que garantem aos bancos, aos empresários e a outras pessoas margens de lucros gigantes.

Crença limitante é isso. Você é o ratinho. Seus pais, tias e amigos são os cientistas condicionando-o a nunca tentar algo diferente. E assim você nunca se permite, ganhando em troca apenas uma comidinha insossa.

Você sempre pode (e merece) mais. Da próxima vez que deixar de fazer algo porque tem vergonha ou medo, pense: *Por quê?* Quem foi que disse que você não podia ou não era capaz?

Depois, escolha: ser um rato ou começar a ser dono dos seus atos.

30. Como seguir em frente (apesar de tudo)

> "Tudo de outrora. Nada mais nunca. Nunca tentado. Nunca falhado. Não importa. Tentar de novo. Falhar de novo. Falhar melhor."
>
> SAMUEL BECKETT | Dramaturgo e escritor irlandês

Estados Unidos, fevereiro de 1755. Um jovem chamado George Washington auxiliava o general Edward Braddock na maior ofensiva inglesa na colônia americana até então. O objetivo era expulsar os franceses que haviam se aliado aos índios e montado uma base no interior do estado de Ohio.

O que tinha tudo para ser uma operação militar tranquila acabou se transformando em um dos maiores desastres da história do exército inglês em seus conflitos contra os franceses. As tropas de Braddock foram surpreendidas e, em poucas horas, praticamente dizimadas.

Dos 1400 homens liderados pelo general inglês, 900 foram mortos. No desespero, soldados britânicos começaram a atirar uns nos outros. Uma das balas disparadas chegou a atravessar o chapéu de George Washington, deslocando-o de sua cabeça. Por alguns centímetros, o tiro não foi fatal. O general Braddock, no entanto, não teve a mesma sorte, sendo atingido mortalmente no peito.

Em meio ao caos e desordem, as tropas acabaram tendo que recuar, sagrando os franceses como os vencedores do conflito.

Essa não foi a única grande derrota de George Washington. Anos depois, o pai fundador dos Estados Unidos ainda sofreria baixas durante a Guerra da Independência em pelo menos duas ocasiões. Mas isso não o impediu de seguir em frente. Em 1783, ele foi um dos heróis na conquista da independência de seu país contra uma das maiores potências militares da época. Mas George não foi o único homem a falhar e seguir em frente.

O lendário Steve Jobs chegou a ser demitido da Apple, empresa que ele mesmo criou na garagem de sua casa, numa articulação que muitos considerariam como um golpe. Para ele, porém, isso não passou de um obstáculo em uma longa jornada que culminaria com seu regresso anos mais tarde. De volta à Apple, ele liderou projetos de sucesso como o iPod, iMac e o iPhone, que revolucionou o conceito de telefonia

> A questão não é o erro em si, mas a maneira como lidamos com ele, agindo como se fosse vergonhoso não acertar logo de primeira e como se cada empreitada devesse ser de cara um grande sucesso à la Steve Jobs. Mas, ei, nem o próprio Steve foi tão bem-sucedido assim!

celular e moldou a maneira como lidamos com a tecnologia nos dias atuais.

Washington e Jobs são apenas dois exemplos em uma longa lista de pessoas que triunfaram mesmo após sofrerem grandes derrotas.

O problema é que muitos ainda enxergam seus fracassos como um ponto final, um impeditivo de seguir em frente, quando, muitas vezes, o fracasso é apenas parte de um processo.

Um bom desenhista torna-se mestre em sua arte pelo tempo que dedica a ela, por meio da constante repetição de seu ofício. Ele aprimora seu traço e se torna mais habilidoso desenho após desenho. É claro que um bom professor e um método de estudo são essenciais para o desenvolvimento, de modo que cada novo rascunho apresente uma melhora, mas esse é o processo.

A questão não é o erro em si, mas a maneira como lidamos com ele, agindo como se fosse vergonhoso não acertar logo de primeira e como se cada empreitada devesse ser de cara um grande sucesso à la Steve Jobs. Mas, ei, nem o próprio Steve foi tão bem-sucedido assim!

É normal que, após um fracasso, você se sinta desapontado e queira desistir. Mas você deve resistir a esse primeiro impulso. É preciso inteligência emocional e também planejamento para aprender com seus erros e tirar uma lição dessas situações negativas.

Alguns fracassos trazem consequências maiores como dívidas ou o fim de amizades e relacionamentos. A vida, contudo, é um constante processo de erros e acertos. É menos sobre como você vai evitar seu próximo fracasso e mais sobre como você vai reagir quando ele acontecer.

O ser humano é movido por desafios e conquistas. Mas nada vai vingar em sua vida se você sempre desistir no primeiro percalço e continuar no automático. É preciso cultivar nossos sonhos e aspirações, e não apenas ficar assistindo a vida passar.

> Se você passar todo o seu tempo pensando para elaborar algo perfeito, suas ideias nunca deixarão de ser apenas ideias. Esta é a razão pela qual indivíduos dos mais inteligentes amargam anos de fracassos.

Quando Arnold Schwarzenegger quis tentar uma carreira no cinema, muitos agentes torceram o nariz. Para eles, uma investida nas telonas seria uma loucura: aquele corpo extremamente musculoso, sobrenome impronunciável e forte sotaque eram muito estranhos para Hollywood.

Em vez de ficar chorando pelos cantos, Schwarza (apelido carinhoso que recebeu dos fãs) emagreceu mais de vinte quilos, aprimorou seu inglês e sua atuação com o mesmo esforço que havia empregado para se transformar em campeão de fisiculturismo. Ele pode até não ter se tornado o melhor ator do universo, tampouco alcançado um inglês shakespeariano, mas foi o suficiente para que se abrisse uma porta de entrada para o universo cinematográfico.

A ascensão de Arnold representou um novo rumo para a indústria cinematográfica de Hollywood. Sem ele, *Conan, o bárbaro* e *O exterminador do futuro* provavelmente nunca teriam saído do papel e os filmes de ação não teriam conhecido um de seus maiores astros.

Se você passar todo o seu tempo pensando para elaborar algo perfeito, suas ideias nunca deixarão de ser apenas ideias. Esta é a razão pela qual indivíduos dos mais inteligentes amargam anos de fracassos.

> Há momentos na vida em que você tem mais é que dar um soco na mesa, tocar um foda-se no seu emprego de merda ou no seu relacionamento sem tesão.

Não se deve pensar demais nas coisas. Quanto mais você sabe, menos tende a agir. É preciso relaxar a mente para usá-la em seu potencial máximo quando tiver que tomar uma decisão realmente importante.

O que não quer dizer que você não deva usar sua cachola! Mas há momentos em que também é preciso agir de forma instintiva.

Somos condicionados, ao longo da vida, a tomar atitudes amenas, viver uma vida amena e, sem querer, acabamos não nos expressando como deveríamos. Há momentos na vida em que você tem mais é que dar um soco na mesa, tocar um foda-se no seu emprego de merda ou no seu relacionamento sem tesão.

Fracassar, errar, fazer cagadas... Tudo isso acontece. Ficar preso a isso pelo resto da vida, contudo, é escolha sua.

31. Como lidar com o tempo

> "Só existe um tempo importante e este tempo é agora. O presente é o único tempo sobre o qual temos domínio."
>
> THICH NHAT HANH | Poeta e ativista da paz

Você é infinito. A cada segundo poderia tomar milhões de decisões que poderiam alterar completamente o rumo da sua vida.

Nos minutos que vai gastar lendo este texto, poderia ter levantado, saído de sua casa e decidido mudar para outro país, mudando radicalmente de vida.

Ou poderia resolver mandar uma mensagem para aquela pessoa por quem seu coração sempre bateu mais forte e chamá-la para sair. As possibilidades são infinitas, porém, todas elas estão condicionadas a um fator: o tempo.

Você é finito. A cada segundo você abre mão de viver milhões de possibilidades. Oportunidades que nunca mais vão voltar.

Você envelhece. A virtude e a energia que antes estavam lá parecem não voltar mais, como um amigo querido da juventude cujo caminho se separou do seu. Ao se olhar no espelho, ainda reconhece os mesmos olhos de sempre, mas as rugas ao redor deles não estavam lá antes.

Os fios de cabelo branco vêm à tona trazendo preocupações que antes não existiam. "Cuidado com o colesterol", "Não esqueça o imposto de renda", "Cuidado para não se machucar. Na sua idade, você já não se recupera tão rápido".

Lembra quando a sua maior preocupação era apenas como seria o primeiro beijo? Como seria o dia em que tivesse carteira de motorista e pudesse ir para onde quisesse? Como a gente era livre nos nossos sonhos de juventude!

Ao nos preocuparmos tanto em virar gente grande, nos esquecemos de que nossos entes queridos estão envelhecendo e que um dia vão embora. Um dia, todos irão. E você, mais do que nunca, se sente sozinho no mundo.

O tempo é como a água. Você pode vê-lo, mas, ao tentar dominá-lo, ele foge por entre seus dedos. Ele também muda de forma constantemente. Parecia que a adolescência iria durar para sempre, mas, quando chegamos à vida adulta, percebemos que ela foi embora rápido demais.

Os pés cansados de hoje não parecem aqueles pés descalços que corriam pelo asfalto do bairro. Aqueles que seriam capazes de correr o mundo se o tempo não teimasse em passar tão rápido, insistisse pra gente calçar um par de sapatos e partir em busca de um emprego.

Como lidar com o tempo sendo que, por vezes, somos um barco à deriva puxado pela correnteza? Como explicar para alguém que aquele beijo na namorada pode ser o último? O tempo é cruel, embora gentil. Tira-nos um pai e nos dá um filho. Faz-nos sentir saudade, porém nos mostra como é bom estar vivo.

Acumulamos conhecimento, mas já não temos mais tanta energia para pôr os planos em prática. E não é que todos aqueles sermões do vô e da vó hoje fazem sentido?

Talvez tudo seja ilusão, como no cinema. Nos filmes, um segundo nada mais é do que 24 fotos passando muito rapidamente, de modo a criar a ilusão de movimento. Talvez o passado, o presente e o futuro estejam passando tão rápido à nossa frente que o que sobra é essa mesma ilusão.

Todas as infinitas oportunidades estão lá, desfilando rapidamente pelos nossos olhos, como um rio bravo que parece correr em direção ao infinito. E a única solução que temos é navegar por esse rio. Com coragem, paciência e o mínimo de bom humor, torcendo para não topar com uma cachoeira no meio do caminho.

> Os pés cansados de hoje não parecem aqueles pés descalços que corriam pelo asfalto do bairro. Aqueles que seriam capazes de correr o mundo se o tempo não teimasse em passar tão rápido, insistisse pra gente calçar um par de sapatos e partir em busca de um emprego.

Imagine se fosse possível falar com os peixes. Se perguntássemos a eles o que é a água, provavelmente não entenderiam a pergunta, afinal, tudo ao redor deles é água. Sem ela, eles não existem.

O tempo é a nossa água. Está ao nosso redor e, por mais que tentemos ignorá-lo, está passando. Devagar e poderoso. E, como um peixe, resta-nos apenas seguir a correnteza.

Continue a nadar.

FONTE: Adelle

#Novo Século nas redes sociais